Netzwerk neu

B1 | Intensivtrainer

Paul Rusch

Ernst Klett Sprachen
Stuttgart

Autor: Paul Rusch

Redaktion: Cornelia Rademacher

Herstellung: Alexandra Veigel

Gestaltungskonzept: Petra Zimmerer, Nürnberg; Alexandra Veigel

Layoutkonzeption: Petra Zimmerer, Nürnberg

Umschlaggestaltung: Anna Wanner

Illustrationen: Florence Dailleux, Frankfurt

Satz: Regina Krawatzki, Stuttgart

Reproduktion: Meyle + Müller GmbH + Co. KG, Pforzheim

Titelbild: Dieter Mayr, München

Informationen und zu diesem Titel passende Produkte finden Sie auf www.klett-sprachen.de/netzwerk-neu

Der Umwelt zuliebe!
- Aus Recyclingfasern
- Leichtere Grammatur
- Keine Folie

FSC
www.fsc.org

RECYCLED
Papier aus
Recyclingmaterial
FSC® C005370

1. Auflage   6 | 2026

Druck und Bindung: DRUCKEREI PLENK GmbH & Co. KG, Berchtesgaden

ISBN 978-3-12-607174-1

Inhalt

Anhang

Symbole im Intensivtrainer

1   Aufgabe im Kursbuch und Übungsbuch

1   passende Übung im Intensivtrainer

→•←   Sie haben zwei Möglichkeiten, wie Sie die Aufgabe lösen.

Gute Reise!

1   **Welche Bildunterschrift passt zu den Fotos? Ordnen Sie zu.**

A   B   C

1. ____ Meer und Wind und ein paar Freunde. Kitesurfen und Party am Strand, so geht Urlaub.

2. ____ Heute hier, morgen dort. Urlaub ist für mich reisen und viel Interessantes erleben.

3. ____ Weiße Wiesen und an den Bäumen hängt Schnee. Und dann von der Kälte ins warme Haus. Was kann schöner sein.

2   **Wie war der Urlaub? Schreiben Sie. Beginnen Sie mit den unterstrichenen Wörtern.**

1. *Zwei Wochen lang waren wir* _____

    an der Ostsee / <u>zwei Wochen lang</u> / unterwegs sein / wir

2. _____

    sehr entspannend / sein / <u>es</u> // und / wir / viel / Fahrrad fahren

3. _____

    <u>wenn</u> / das Wetter / nicht schön / sein // eine Stadt / ansehen / wir

4. _____

    nach einer Woche / <u>in der Pension</u> / nette Leute / kennenlernen / wir

5. _____

    mit ihnen / einen Ausflug / nach Danzig / <u>wir</u> / machen

3 a   **Ein Gespräch über den Urlaub. Ordnen Sie die Sätze zu.**

1. Hey Tom! Na, zurück aus dem Urlaub?   *G*

2. Und, wie war's?   ____

3. Das klingt ja gut. Aber ist es dort nicht sehr teuer?   ____

4. Und das Wetter?   ____

5. Das ist doch das perfekte Wetter zum Surfen! Hast du endlich einen Kurs gemacht?   ____

6. Ich war mit einem Freund in den Bergen, in den Dolomiten. Dort kann man super klettern. Willst du nicht auch einmal mitkommen?   ____

7. Na ja, man muss halt ein bisschen aufpassen. Hast du noch einmal Urlaub in diesem Jahr?   ____

8. Ich hab' noch mal eine Woche, im Oktober.   ____

A Nein, das ist nichts für mich – zu anstrengend und gefährlich!

B Na ja, billig ist es nicht. Aber Urlaub kostet nun mal!

C Nur noch ein paar Tage, nicht genug zum Wegfahren. Und du?

D Und dann fährst du wieder zum Klettern, stimmt's?

E Wie es eben so ist an der Nordsee. Oft geht ein kalter Wind!

F Ja, ein paar Tage lang. Aber die Surfschule war nicht so gut. Und wir sind dann viel spazieren gegangen. Und bei dir?

G Ja, leider ist er schon wieder vorbei …

H Gut! Wir hatten eine nette Ferienwohnung an der Nordsee, auf der Insel Norderney.

b Ein perfekter Urlaub. Wählen Sie.

A Ergänzen Sie die passenden Wörter. Die Wörter unten helfen.

B Ergänzen Sie die passenden Wörter.

Greg und seine Freunde planen nicht gern. Meistens fahren sie ganz

(1) _____ irgendwo hin. Nächste Woche wollen sie für vier

(2) _____ nach Amsterdam. fahren. „Da ist viel los, da können

wir viel (3) _____", sagt Greg. „Amsterdam ist meine Stadt! Ich

will ja viel erleben, wenn ich (4) _____ habe und wegfahre."

Greg mag nicht am Strand liegen oder nur (5) _____. „Das ist

mir viel zu (6) _____, es muss etwas los sein."

Daniel liebt die Natur, im Sommer wie im Winter. Er ist gern

(7) _____. Die Kälte im (8) _____ macht

ihm nichts aus. „Ich bin am liebsten in der Natur, gern auch allein. Das ist sehr

(9) _____, wenn keine anderen Leute um mich herum sind",

sagt er. „Ich habe in meinem Beruf so viel (10) _____.

entspannend | faulenzen | im Freien/draußen | langweilig | spontan | Stress | Tage | unternehmen | Urlaub | Winter

4 Eine Wochenendreise planen. Ergänzen Sie das passende Verb. Achten Sie auf den Infinitiv: mit oder ohne *zu*?

ausschlafen | besichtigen | besuchen | buchen | essen | kaufen | machen

1. Ich habe keine Lust, das neue Kunstmuseum *zu besuchen.*

2. Ich möchte einen Bummel durchs Zentrum _____

3. Die Geschäfte sehen toll aus! Da bekommt man richtig Lust, was Schönes _____

4. Ist es schwer, für fünf Leute jetzt noch ein Hotelzimmer _____

5. Wir haben doch keine Zeit, so viele Sehenswürdigkeiten _____

6. Ich will keinen Stress, ich möchte am Morgen richtig _____

7. Ich will unbedingt in einem typischen Restaurant gut _____

5 Und Ihre Pläne fürs nächste Wochenende? Notieren Sie.

Ich habe vor, am Wochenende _____

Mir macht es Spaß, _____

Ich finde es wichtig, _____

Vielleicht habe ich auch Zeit, _____

6 Im Reisebüro. Ergänzen Sie das Gespräch.

○ Guten Tag! Was kann ich (1) f__ __ Sie tun?

● (2) W__ __ würden gern zusammen Urlaub (3) m__ __ __ __ __.

Ich möchte mich (4) er__ __ __ __ __ und ausruhen, am

(5) lie__ __ __ __ an der Ostsee. (6) A__ __ __ da gibt es ein (7) P__ __ __ __ __ __ __.

○ Und das wäre?

■ Ich finde es (8) t__ __ __ __ langweilig, immer nur am (9) St__ __ __ __ zu liegen. Ich würde

(10) v__ __ __ lieber einen Stadturlaub machen, (11) a__ liebsten in Berlin!

○ Und jetzt suchen Sie (12) e__ __ __ __, das für Sie beide (13) p__ __ __ __. Stimmt's?

■ Genau. Wir wollten uns (14) erk__ __ __ __ __ __, was für Angebote Sie (15) h__ __ __ __.

○ Hm, also wenn Sie (16) E__ __ __ __ __ __ suchen, dann kann ich (17) I__ __ __ __ die Insel Rügen

empfehlen. (18) D__ haben wir wunderbare (19) Ferienw__ __ __ __ __ __ __ direkt am Strand,

ideal (20) u__ sich zu entspannen. Und (21) vie__ __ __ __ __ __ möchten Sie auf dem (22) W__ __

dorthin auch ein paar (23) T__ __ __ in Berlin bleiben?

7 Beratung im Reisebüro. Lösen Sie das Rätsel. Wie heißt das Lösungswort?

1. Die Angestellte im Reisebüro zeigt der Kundin ein …
2. Unsere Kunden sind immer sehr zufrieden, der … im Hotel ist ausgezeichnet.
3. Wenn Sie nur am Abend im Hotel essen wollen, nehmen Sie am besten …
4. Es gibt nur noch wenige Plätze, Sie sollten die Reise schnell …
5. Die Übernachtung … Frühstück kostet 59,- €, ohne Frühstück 48,- €.
6. Der … für eine Woche kostet 372,- € pro Person.
7. Wenn Sie Ausflüge machen wollen, … wir das sehr gern für Sie.
8. Sie müssen nicht gleich buchen, Sie können sich das gerne bis morgen …

Nach dem Urlaub muss man wieder __ __ __ __ __ __ __.

8 *Obwohl* oder *weil*? Schreiben Sie den passenden Nebensatz.

1. Elif bucht ihre Reisen im Reisebüro, _____
(Sie recherchiert nicht gern.)

2. Frau Lemke bucht einen Wellness-Urlaub, _____
(Das ist ziemlich teuer.)

3. Herr Wilkens fährt dieses Jahr nicht weg, _____
(Er hat so viel Arbeit.)

4. Dario war lange nicht mehr in Berlin, _____
(Er liebt diese Stadt.)

9 Lesen Sie die Situationen und die Aussagen. Welche Aussage klingt positiv (p), welche negativ (n)? Notieren Sie.

1. Ron und Kevin sind dabei, alle Dinge ins Auto zu packen.
   Das hat doch nie Platz in dem kleinen Auto. So ein Mist! ____

2. Sie sind am Campingplatz angekommen und es regnet.
   Das ist doch nicht schlimm, im Zelt werden wir nicht nass. ____

3. Sie wollen eine Radtour machen, aber müssen zuerst das Fahrrad reparieren.
   Warum sind wir so früh aufgestanden, wenn wir nicht losfahren können? ____

4. Man kann das Fahrrad nicht reparieren, der Reifen ist kaputt.
   Ich hab' mich auf die Radtour gefreut. Was machen wir denn jetzt? ____

5. Die beiden machen eine Wanderung.
   Hier zu wandern ist wirklich schön. Tolle Gegend. ____

10 Was ist richtig: *n*, *ng* und *nk*? Ergänzen Sie die Lücken.

1. Ich de____e, dass wir am Montag abe____ds um fü____f Uhr in Fra____furt ankomme____.

2. Ich muss noch einkaufe____ und bri____e die Sachen dann in unsere Wohnu____.

3. Ich möchte mich für die Einladu____ beda____en, die Stimmu____ beim Fest war ei____fach cool.

4. Zwei Woche____ la____ war unser Freu____d kra____, ihm war zu Hause so la____weilig.

11 Achtung, Achtung! Was hört man oft in Durchsagen? Markieren Sie die Wörter. Notieren Sie und ergänzen Sie Artikel und Plural.

KALFAHRTPERAVERSPÄTUNGKISVEGLEISWÄDBHALTESTELLEKRULINIEDORWE
BAHNSTEIGANDELANKUNFTBERABFAHRTLANLEGGSTATIONKRUMBUNFALL

die Fahrt, -en _____

_____

12 Durchsagen auf Reisen. Ergänzen Sie die Verben.

be   be   er   ver   dan   ges   füh   en   ken   sen   ßen
wohl   schlie   über   que   treu   war   en   len   ren   ten

1. Bitte halten Sie Ihre Pässe bereit, wir _____ jetzt die Grenze.

2. Zum Abendessen _____ wir sie gerne in unserm Restaurant.

3. Achtung! Wir _____ um 19.00 Uhr. Bitte gehen Sie zum Ausgang!

4. Bitte kontrollieren Sie das Gepäckfach, ob Sie nichts _____ haben.

5. Wir _____ uns, dass Sie für Ihre Reise die Deutsche Bahn gewählt haben.

6. Meine Kolleginnen und ich _____ Sie auf dem heutigen Flug und hoffen, dass Sie

   sich bei uns an Bord _____.

13 a Im Urlaub arbeiten? Die markierten Wörter sind im falschen Satz. Wie heißen die Sätze richtig? Korrigieren Sie.

1. Timo hat eine Höhe für ungewöhnliche Urlaube. _____

2. Im Sommer auf der Alm kann er seinen stressigen Feierabend vergessen. _____

3. Das Leben auf der Alm ist sehr ruhig im Plan zu seinem „normalen" Leben. _____

4. Ein Grund dafür ist, dass Timos Handy auf der Alm meistens keinen Gegensatz hat. _____

5. Der Arbeitstag auf der Alm ist lang, man kann erst spät Alltag machen. _____

6. Weil die Alm auf 1.800 Metern Vorliebe liegt, hat es jetzt im September schon geschneit. _____

7. Timo hat noch keinen Empfang, was er im nächsten Sommer machen möchte. _____

b Timos Urlaub auf der Alm. Ergänzen Sie die Sätze.

1. Timo hat sich in diesem Jahr entschlossen, _____
   arbeiten / auf einer Alm

2. Für Timo war es gar nicht so leicht, _____
   finden / einen Platz

3. Er findet es toll, _____
   oben / sein / im Gebirge

4. Auf der Alm ist es manchmal nicht möglich, _____
   anrufen / seine Freunde

5. Nach ein paar Tagen fand er es ganz normal, _____
   aufstehen / am Morgen / früh

Wortbildung – Infinitiv als Nomen

a Welche Verben sind in den Anzeigen Nomen? Kreuzen Sie an.

☐ entspannen   ☐ erschrecken   ☐ machen   ☐ nehmen
☐ planen   ☐ schlafen   ☐ telefonieren   ☐ übernachten

Keine Zeit zum Entspannen? Nehmen Sie sich einfach Urlaub!

Haben Sie keine Zeit für das Planen Ihres Urlaubs? Wir machen das gern für Sie.

Damit Sie auch bei Wind und Wetter im Freien gut schlafen: Tipps für das Übernachten von Profis!

Vorsicht beim Telefonieren im Ausland! Oft kommt das große Erschrecken mit der Telefonrechnung.

b Auf der Alm. Ergänzen Sie die Wörter. Achten Sie auf die Schreibung.

arbeiten | aufstehen | nachdenken | surfen | telefonieren

Das Leben auf der Alm ist wirklich anders. Timo vergisst beim (1) *Arbeiten* _____ den Stress.

Er hat meistens keinen Handy-Empfang, aber er hat auch kaum Zeit zum (2) _____

oder (3) _____ im Internet. Im Gegensatz zu seinem Leben zu Hause macht ihm das

(4) _____ früh am Morgen hier keine Probleme. Es hat viel Arbeit, aber es gibt auch

genug Zeit zum (5) _____.

Das ist ja praktisch!

1 a **Technik im Haus. Wählen Sie.**

A **Ergänzen Sie die fehlenden Wörter. Die Wörter unten helfen.**

B **Ergänzen Sie die fehlenden Wörter.**

Herr Wallner braucht keinen Schlüssel mehr für die Haustür. Er hat jetzt einen

(1) _____ mit Fingerabdruck. „Einmal habe ich den

(2) _____ innen vergessen und die Tür von außen zugemacht.

Zum Glück hatte ich mein (3) _____ dabei, so konnte ich den

Schlüsselservice (4) _____. Das war sehr teuer. Und einmal

habe ich nur schnell die Post geholt und die Tür (5) _____ gelassen. Leider war in der

(6) _____ ein Fenster offen und es war an dem Tag sehr windig: Da ist die

(7) _____ zugefallen. Meine Nachbarin hat mich zu meinem Freund gefahren und

er hat mir seinen Schlüssel gegeben. Das kann mir jetzt nicht mehr (8) _____, denn

meine (9) _____ habe ich immer dabei.

anrufen/rufen | Finger | Handy | offen | passieren | Schlüssel | Tür | Türöffner | Wohnung

b **Praktisch im Alltag. Wobei helfen die Geräte? Schreiben Sie die Sätze fertig.**

1. Der Funkkopfhörer macht es möglich, *dass jeder zu seiner Musik tanzen kann.* _____
   zu seiner Musik / jeder / dass / können / tanzen

2. Der Sprachassistent ist praktisch, _____
   wenn / nicht gern / man / schreiben

3. Ein Lastenfahrrad hilft, _____
   wenn / schwere Dinge / man / transportieren / müssen

4. Steh-Sitz-Tische machen es möglich, _____
   dass / beim Arbeiten / können / man / stehen

5. Wenn man beim Arbeiten nicht nur sitzt, _____
   besser / für den Rücken / sein / das

2 **Im Jahr 2000 hat es viele praktische Dinge noch nicht gegeben. Ordnen Sie zu.**

1. Im Auto oder auf dem Handy hatte man kein Navi,

2. Computer und Bildschirm waren noch groß und schwer und es gab noch kein WLAN,

3. Die ersten Handys waren einfach und auch ziemlich teuer,

4. Man konnte mit dem Handy noch nicht Musik hören,

5. Es gab noch keine Kopfhörer mit Bluetooth,

A die Kabel waren unpraktisch.

B aber man konnte mit ihnen unterwegs telefonieren und kurze Nachrichten (SMS) schreiben.

C sondern man hatte einen extra Player, damit man unterwegs Musik hören konnte.

D deswegen musste man mit einem Stadtplan den Weg suchen.

E deshalb konnte man nur am Computerplatz arbeiten oder im Internet surfen.

3 a Alles geht schief! Was will oder muss Herr Rossi tun? Kreuzen Sie an.

1. Herr Rossi will sich die Haare
   - a☐ schneiden,
   - b☐ schneiden lassen,

   aber der Friseur hat geschlossen.

2. Er verliert seinen Wohnungsschlüssel und muss die Tür
   - a☐ öffnen.
   - b☐ öffnen lassen.

   Das ist leider sehr teuer.

3. Er will seinen Computer
   - a☐ reparieren,
   - b☐ reparieren lassen,

   aber er kann das Problem nicht selbst lösen.

4. Später will er seine Tochter zum Zug
   - a☐ bringen,
   - b☐ bringen lassen

   aber sie stehen im Stau und kommen zu spät.

5. Im Mai möchte er die Wohnung
   - a☐ streichen,
   - b☐ streichen lassen,

   aber der Maler hat keine Zeit.

b Wer lässt hier was machen? Ergänzen Sie die Sätze.

1. ich	mich	bringen	Heute *lasse ich mich* zur Arbeit _____ .
2. Eva	sich	beraten	Eva _____ im Geschäft _____ .
3. ihr	euch	helfen	Warum _____ nicht _____ ?
4. die Gäste	sich	geben	Die Gäste _____ gute Tipps _____ .
5. du	das Rad	reparieren	Warum _____ nicht _____ ?

4 a Das ist die Folge. Schreiben Sie die Sätze fertig.

1. Lisane sucht im Internet Videos, _____
   sodass / selbst / sie / können / Dinge / reparieren

2. Makoto findet technische Geräte super, _____
   deshalb / neue / immer / er / kaufen

3. Carolines Handy ist kaputt, _____
   darum / lassen / sie / reparieren / es

4. Stefan hat eine so gute Karriere gemacht, _____
   dass / viel Geld / heute / verdient / er

5. Samira hat eine schwere Prüfung geschafft, _____
   deshalb / sie / eine Party / feiern

6. Henrik hatte im Urlaub einen Unfall, _____
   sodass / nach Hause / fliegen / er / müssen

b Was war die Folge? Was haben Sie gemacht? Setzen Sie die Sätze fort.

Ich bekam ein Geschenk. Ich war so glücklich, _____

Das war wirklich gefährlich. Ich war so froh, _____

Das war eine schöne Zeit. Ich war so glücklich, _____

5 a **Probleme mit dem Fernseher! Was sagt der Kunde? Ergänzen Sie die Verben in der richtigen Form.**

finden | funktionieren | gebrauchen | gehen | haben | kaufen | kontrollieren | lösen | umtauschen

Mein Fernseher (1) _____ schon wieder nicht richtig. Das letzte Mal haben Sie gesagt,

dass Sie alles (2) _____ haben, aber das Bild ist immer noch unscharf. So kann ich den

Fernseher nicht (3) _____. Das (4) _____ so nicht! Ich habe das Gerät

erst vor neun Monaten bei Ihnen (5) _____ und (6) _____ noch über

zwei Jahre Garantie. Ich will jetzt ein neues Gerät, sie müssen den Fernseher (7) _____!

Ich (8) _____ es sehr ärgerlich, dass ich dauernd Probleme damit habe und Sie das

Problem nicht (9) _____.

b **Eine Reklamation im Geschäft. Ergänzen Sie die Wörter.**

○ Guten Tag, was (1) k_ _ _ ich für Sie (2) t_ _?

● Vorgestern habe ich (3) di_ _ _ _ Handy bei Ihnen

(4) ge_ _ _ _ _, aber es funktioniert (5) n_ _ _ _ richtig.

○ Was ist denn (6) d_ _ Problem?

● Der Akku ist (7) n_ _ _ kurzer Zeit leer. Unterwegs (8) k_ _ _

ich das Handy (9) g_ _ nicht gebrauchen. Das ist (10) s_ _ _ ärgerlich.

○ Das kann ich (11) ve_ _ _ _ _ _. Haben Sie den (12) A_ _ _ denn auch richtig voll

(13) aufge_ _ _ _ _?

● Ja, 12 Stunden (14) l_ _ _, wie es in (15) d_ _ Anleitung steht. Aber nach 15 (16) M_ _ _ _ _ _

ist er wieder (17) l_ _ _.

○ Hm, das wundert (18) m_ _ _. Können Sie das (19) H_ _ _ _ hier lassen? Wir

(20) sch_ _ _ _ _ es zum Hersteller.

● Ich (21) br_ _ _ _ _ mein Handy (22) dr_ _ _ _ _ beruflich.

○ Gut, dann (23) g_ _ _ ich Ihnen ein anderes Gerät.

6 a **Was kann man im Haus der Zukunft machen? Streichen Sie das falsche Verb und korrigieren Sie.**

1. Die Bewohner des Hauses können in jedem Raum die Haustür ~~bekommen~~. _____

2. Wenn es an der Tür ändert, sehen die Bewohner, wer vor der Tür steht. _____

3. Eine Computerstimme klingelt die Besucher um eine Nachricht. _____

4. Die Bewohner wechseln die Nachricht direkt auf ihr Smartphone. _____

5. Wer nach Hause kommt, kann die Nachrichten der Mitbewohner anpassen. _____

6. Frau Schröder kann die Atmosphäre in ihrem Wohnzimmer bitten. _____

7. Sie öffnet nicht nur das Licht, sondern auch die Bilder im Raum. _____

8. Sie kann das Licht, die Musik und die Bilder an ihre Stimmung sehen. _____

b **Smartes Wohnen. Was möchten die Personen machen? Ergänzen Sie die passenden Wörter mit Artikel im Genitiv.**

Be	~~Kühl~~	Mit	Wän	be	su	de	cher	mer
		Wohn		woh	zim		ner	~~schrank~~

1. Elisa möchte beim Einkaufen den Inhalt *des Kühlschranks* _____ kontrollieren.

2. Jonas möchte in seinem Zimmer die Farbe _____ ändern können.

3. Hannah möchte die Stimmung _____ anpassen können.

4. Vera möchte die Gesichter _____ vor der Haustüre sehen.

5. Leandro möchte sofort alle Nachrichten _____ bekommen.

c **Titel und Überschriften. Ergänzen Sie das Wort im Genitiv.**

Berlin
die Dinge (Pl.)
das Meer
der Platz
das Licht
die Zukunft

1. Die Farben _____

2. Die Lage _____

3. Die Größe _____

4. Das Geräusch _____

5. Die Technik _____

6. Die Stadtviertel _____

7 a **Viel oder wenig Technik? Was ist richtig: *trotz* oder *wegen*? Kreuzen Sie an.**

1. Das Auto funktioniert immer noch   ☐ trotz ☐ wegen   seines Alters.
2. Herr Klimt kauft den neuen Laptop   ☐ trotz ☐ wegen   des schönen, hellen Monitors.
3. Javid ist unterwegs und kann   ☐ trotz ☐ wegen   des leeren Akkus nicht telefonieren.
4. Tom liebt sein altes Motorrad   ☐ trotz ☐ wegen   der Probleme, die es manchmal gibt.
5. Marisol fotografiert   ☐ trotz ☐ wegen   des neuen Handys lieber mit ihrer alten Kamera.

b **Was passt: *trotz* oder *wegen*? Schreiben Sie die Sätze fertig.**

1. Das kleine alte Haus ist _____
     die gute Lage / sehr teuer

2. Herr Demir wohnt _____
     der große Lärm / gern / im Zentrum

3. Frau Schatz will _____
     die hohen Kosten / umziehen / nicht

4. Herr Bauer wohnt _____
     die steile Treppe / im vierten Stock / gern

8 **Was ist richtig? *z*, *tz* oder *tzt*. Ergänzen Sie die Lücken.**

1. Ich war spät dran, der ____ug war voll, alle Plä____e waren bese____. Erst nach längerer ____eit

    konnte ich endlich si____en. Ich wollte mein Tablet benu____en, aber hatte kein Ne____.

2. Der Urlaub war ____u Ende, meine Freunde und ich sind ____usammen ____urückgefahren.

3. Tro____ der Hi____e an seinem Arbeitspla____ hatte Herr Santek immer eine Mü____e auf.

4. Herr Makas hasst es, wenn sein Auto schmu____ig ist. Er pu____ es jede Woche.

9 Ihre Meinung zu Werbeanzeigen. Markieren Sie die Ausdrücke in der Wortschlange. Schreiben Sie diese in die passende Spalte.

BIRLISTAMLUTIGSTENSAGRAKISTNICHTINTERESSANTWELAFIAFINDEICHMERK
WÜRDIGGEIÜKASTAMAGDENTEXTNICHTFRANNGUFINDEDIEIDEEWITZIGKLABF
EWMAGDASCOOLEBILDGRIKIMAFINDEICHUNMODERNSHAFOZILEMISTAMKREA
TIVSTENGEPAVERKAFILOGEFÄLLTMIRAMBESTENLAR

Diese Werbung finde ich am besten.	Diese Werbung gefällt mir am wenigsten.
ist am lustigsten,	

10 Wörter und Ausdrücke zu Werbung. Welche Wörter passen nicht? Streichen Sie.

1. Werbung will, dass man ein bestimmtes Produkt   kauft.   nutzt.   produziert.
2. Werbung versucht, die Menschen   zu überraschen.   zu vergessen.   neugierig zu machen.
3. Die Sprache in Werbungen versucht,   witzig   kreativ   langweilig   zu sein.
4. Werbung verwendet Bilder, die   Emotionen wecken   in Erinnerung bleiben   man kennt.

11 Wörter und Ausdrücke zu Werbung. Ordnen Sie zu.

1. überall auf Werbung ____   A produzieren
2. sich vor Werbung ____   B treffen
3. Tricks der Werbung ____   C schützen
4. Werbung gezielt ____   D erkennen

5. täglich viele Werbespots ____   E unterscheiden
6. Zeit vor dem Bildschirm ____   F haben
7. Werbung und Information ____   G verbringen
8. Einfluss auf das Verhalten ____   H konsumieren

Wortbildung – Nomen mit *-er* und *-erin*

→•← **a** Wie heißen die Personen, die das machen? Wählen Sie.

A Schreiben Sie die Wörter zum Bild.
Die Wörter unten helfen.

B Schreiben Sie die Wörter zum Bild.

_____   _____   _____   _____   _____

Bäcker | Fußballspieler | Malerin | Sänger | Skifahrerin

b Markieren Sie in den Sätzen links die Aktivität. Ergänzen Sie dann das passende Nomen. Kontrollieren Sie mit dem Wörterbuch.

1. Vreni fährt jeden Tag Rad.   Sie ist eine sehr schnelle *Radfahrerin* .

2. Sven liest sehr gern Comics.   Er ist ein begeisterter _____ .

3. Mira bäckt sehr gern Kuchen.   Sie ist eine ausgezeichnete _____ .

4. Ella lehrt Spanisch.   Sie ist seit vielen Jahren _____ .

Veränderungen

1 a **Früher und heute. Es hat sich viel verändert. Wie heißen die Wörter? Schreiben Sie die Wörter mit Artikel zum passenden Thema in die Tabelle.**

__NT__RR__CHT, __RB__ __TSB__D__NG__NG__N, B__H__NDL__NG, B__TR__ __B, D__ __GN__S__,
D__SZ__PL__N, F__BR__K, FR__ __H__ __T, P__L__G__KR__FT, H__ND__RB__ __T, H__NDW__RK,
HYG__ __N__, KL__SS__NZ__MM__R, P__T__ __NT, SCH__LB__LD__NG, STR__F__, T__T__GK__ __T,
__PER__T__ __N

Schule	Arbeitswelt	Medizin
der Unterricht,		

b **Früher und heute vergleichen. Was passt zusammen? Ordnen Sie zu.**

1. Heute ist es in der Schule weniger streng, ____

2. Im Vergleich zu früher ____

3. Zum Glück ist es heute so, dass ____

4. Im Gegensatz zu heute ____

5. Ich habe gehört, ____

A war den Lehrern früher Disziplin sehr wichtig.

B dass Schülerinnen und Schüler keine Strafen mehr bekommen.

C Schülerinnen und Schüler weniger Angst haben müssen.

D haben die Schülerinnen und Schüler mehr Freiheit.

E denn viele Lehrkräfte sind ziemlich tolerant.

2 **Suchen Sie acht Wörter in der Wortschlange. Ergänzen Sie in den Sätzen das passende Wort in der richtigen Form.**

PERKAUTOMATISIERTLAUMBILLIGKORRFRÜHERWILAMONOTONABWAPROBLE
MLOSGESINASCHWIERIGTOLISSTRENGBEPAWEIBLICHFUR

1. Heute sind auch Männer Krankenpfleger, früher gab es nur _____ Pflegekräfte.

2. Ihre Ausbildung ist heute wegen der vielen Geräte _____ als vor 50 Jahren.

3. Krankheiten, die früher oft tödlich waren, kann man heute fast _____ heilen.

4. In kleinen Betrieben arbeitet man oft von Hand, nicht _____ wie in Fabriken.

5. Wenn man bei der Arbeit immer verschiedene Dinge macht, ist sie nicht _____.

6. Handwerksbetriebe können nicht so _____ produzieren wie große Fabriken.

7. In der Schule waren Lehrerinnen und Lehrer _____ nicht so tolerant wie heute.

8. Aber es gibt in den Schulen auch heute noch Lehrpersonen, die sehr _____ sind.

3 Große Veränderungen im Leben. Welcher Begriff passt? Lösen Sie das Rätsel.

Krank | Kri | Pro | To | ~~de~~ | fall | fall | heit | zess
Tren | Un | ~~Wen~~ | des | nung | ~~punkt~~ | se

1. Im Leben einer Person wird vieles anders, nichts ist mehr wie früher: ein …   *Wendepunkt*

2. Eine Person hatte einen schweren … mit schlimmen Verletzungen.   _____

3. Die Person war nicht mehr gesund, durch ihre … änderte sich ihr Leben.   _____

4. Der Partner ist gestorben, der … hat das Leben auf den Kopf gestellt.   _____

5. Ein Paar hat lange zusammengelebt, aber es gab es nur noch Probleme. Die Folge war die …   _____

6. Es war eine schwierige Zeit. Aber jetzt haben wir die … überwunden.   _____

7. Der Grund für den Wendepunkt war nicht eine Krisensituation, es war ein langsamer …   _____

4 a Was war? Schreiben Sie die Verbformen im Präteritum.

arbeiten | besuchen | erholen | haben | kündigen | machen | machen | suchen | verdienen

Frau Weber (1) _____ vor zehn Jahren eine schlimme Krise. Sie (2) _____ dann eine lange Therapie und (3) _____ sich langsam wieder. Die Situation in ihrer Firma war ein Grund dafür. Deshalb (4) _____ sie die alte Stelle und (5) _____ eine andere Arbeit. Am Anfang (6) _____ sie nur Teilzeit, aber so (7) _____ sie zu wenig. Deshalb (8) _____ sie einige Fortbildungen und nach einigen Jahren (9) _____ sie sich selbstständig.

b Wer ist das? Schreiben Sie die Sätze im Präteritum. Achten Sie auf die richtige Verbform.

1. „Hallo Frank!"_____
   seinen Namen / nennen / die Kellnerin / freundlich

2. _____
   Frank / die Frau / kennen / nicht

3. _____
   seinen Namen / wissen / sie / warum

4. „Wer ist diese Frau?", _____
   Frank / die ganze Zeit / denken

5. _____
   die Kellnerin / den Kaffee / bringen / ihm

6. _____
   Da / ihm / es / wieder einfallen

7. _____
   In der Schule / nebeneinander / sitzen / früher / sie

c **Aus dem Leben von Laura Dahlmeier. Ergänzen Sie die Verben im Präteritum.**

Laura Dahlmeier wurde am 22. August 1993 in Garmisch-Partenkirchen geboren. Ihre Eltern

(1) _____ (sein) sehr sportlich: Ihre Mutter (2) _____ (fahren) erfolgreich

Mountainbike, ihr Vater war ein begeisterter Skifahrer und (3) _____ (klettern)

gern in den Bergen. Laura (4) _____ (beginnen) schon früh mit Biathlon. Im Alter von 18

Jahren (5) _____ (werden) sie 2013 bei den Weltmeisterschaften für Juniorinnen Erste in

drei Rennen. Danach startete sie bei den Rennen für Erwachsene und (6) _____ (haben)

auch dort große Erfolge. Bei Weltmeisterschaften und Olympischen Spielen (7) _____

(gewinnen) sie insgesamt 18 Medaillen. Im Weltcup (8) _____ (können) sie 20

Rennen gewinnen. 2019, mit nur 26 Jahren, (9) _____ (machen) sie Schluss mit ihrer

erfolgreichen Karriere. „Ich will mehr Zeit für mich haben", (10) _____ (sagen) sie, „Ich

möchte mehr klettern und viele Bergtouren machen."

Laura Dahlmeier (11) _____ (reisen) ab 2019 in viele Länder und machte extrem

schwierige Bergtouren. Am 28. Juli 2025 (12) _____ (wollen) sie mit einer Kletter-

Partnerin auf den 6096 m hohen Leila Peak in Pakistan im

Karakorum-Gebirge steigen. Weil sich das Wetter schnell

(13) _____ (ändern), drehten die beiden um.

Beim Abstieg fiel ein großer Stein auf Laura Dahlmeier. Sie

stürzte ab und (14) _____ (sterben). Ein Park in

Garmisch-Partenkirchen (15) _____ (bekommen) ihren

Namen. Dort gibt es auch einen Gedenkstein mit ihrem Bild.

5 **Ergänzen Sie die passende Präposition und das Artikelwort in den Sätzen. Dativ oder Genitiv: Achten Sie auf den Kasus.**

ab | an | außerhalb | innerhalb | nach | vor | während | während

Gestern war Lea schon (1) _____ (das Frühstück) im Wald spazieren. Das

Frühstück schmeckte ihr (2) _____ (der Spaziergang) besonders

gut. Sie genießt es, wenn sie (3) _____ (der Morgen) Zeit hat. Aber dann

hat ihr Chef schon (4) _____ (ihr Frühstück) angerufen und

ihre gute Laune war vorbei. Es ist ärgerlich, wenn er (5) _____

(die Arbeitszeit) etwas von ihr braucht.

Leonis zieht bald nach Portugal, (6) _____ (der nächste Monat) lebt er

in Porto. Dort möchte er (7) _____ (ein Jahr) gut Portugiesisch lernen.

Letztes Jahr war er drei Wochen in Portugal und (8) _____ (dieser

Urlaub) hat er entschlossen, dort zu leben.

6 a *Vor, nach* oder *während*? Ergänzen Sie die passende Präposition und den Artikel in der richtigen Form.

1. Theresa zog vor zwei Jahren nach München.

Sie lebte _____ _____ Umzug in Düsseldorf.

2. In München studiert sie Fotografie.

Sie möchte sich _____ _____ Studium selbstständig machen.

3. Sie arbeitet auch Teilzeit in einem Studio.

Theresa möchte _____ _____ Ausbildung Erfahrungen sammeln.

4. Alex heiratete vor zwei Jahren seine Freundin Eve.

Er zog _____ _____ Hochzeit zu Eve nach Manchester.

5. Ein halbes Jahr lang fand er keine Arbeit.

Alex lernte _____ _____ Zeit vor allem Englisch.

6. In der Beziehung von Alex und Eve gab es einige Krisen.

Alex ging _____ _____ Trennung von Eve wieder zurück nach Dresden.

b Was hat sich verändert? Was wollen Sie verändern? Setzen Sie die Sätze fort.

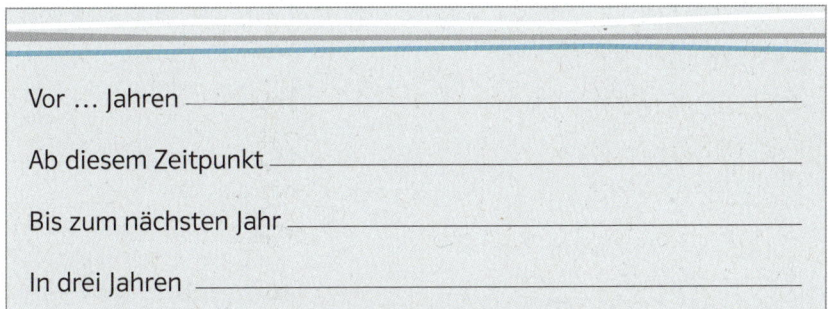

Vor ... Jahren _____

Ab diesem Zeitpunkt _____

Bis zum nächsten Jahr _____

In drei Jahren _____

7 Welche Konsonanten fehlen? Ergänzen Sie die Lücken. Lesen Sie die Wörter laut.

chsp | ckbr | kst | ltm | ndw | npfl | rbr | rschr | rsl | rspr | spr | tschl

1. Ha_____erker

2. Kranke_____eger

3. Ku_____eiterin

4. Gesprä_____artner

5. Mutte_____ache

6. Fremd_____ache

7. Wer_____att

8. Ra_____ag

9. We_____eisterin

10. zurü_____ingen

11. unte_____eiben

12. ve_____ingen

8 Was wurde anders? Schreiben Sie die Sätze fertig.

1. Frau Fessler kaufte ein E-Bike, weil _____

sie / wollen / nicht so oft / im Stau / stehen

2. Sie fährt jetzt weniger mit dem Auto und _____

besser / das / sein / für die Umwelt

3. Es ist auch sehr praktisch, dass _____

müssen / suchen / sie / keinen Parkplatz

4. Sie hat jetzt mehr Bewegung, deshalb _____

sich / wohler fühlen / sie / jetzt

5. Sie hat gute Kleidung zum Radfahren gekauft, sodass _____

kein Problem / sein / schlechtes Wetter

9 Mein kleiner Wendepunkt. Was gehört zusammen? Ordnen Sie zu.

1. Ich habe den ersten Schultag im Gymnasium ausgewählt, _E_

2. Es war ein besonderer Tag, ____

3. Das war, als ich elf Jahre alt war, ____

4. Wenn ich daran denke, dann fällt mir Bela ein, ____

5. Das war schön, ich freute mich ____

6. Danach haben wir zwei Jahre lang viel zusammen gemacht, ____

A denn ab jetzt musste ich jeden Morgen mit dem Bus zur Schule fahren.

B der plötzlich neben mir stand und etwas sagte.

C aber dann ist Bela mit seinem Vater in eine andere Stadt gezogen.

D und wir haben uns nebeneinandergesetzt.

E weil ich da allein, ohne meine Freunde, in eine neue Schule gewechselt habe.

F und die neue Schule hat mir schon ein bisschen Angst gemacht.

10 Höflichkeit. Was kann man da sagen? Wählen Sie.

A Ergänzen Sie. Die Wörter unten helfen.

1. ○ Oh, das ist aber (1) _____ von dir.

   ● Aber (2) _____. Ich (3) _____ auch gleich.

2. □ Bitte (4) _____ Ihnen.

   ■ Vielen (5) _____. Das ist nett (6) _____ Ihnen.

B Ergänzen Sie.

3. ○ Wir können (7) _____ auch gern duzen.

   ● Ja, gern, danke. Ich (8) _____ Per.

4. □ Ach, lassen wir das (9) _____. Ich bin Esther.

   ■ Danke, das (10) _____ mir auch lieber.

bin | Dank | gern | ist | komme | nach | nett | Sie | uns | von

Wortbildung – Zusammengesetzte Nomen I

a Lesen Sie die Wörter und ergänzen Sie die Artikel. Was hat sich im zusammengesetzten Wort noch verändert? Markieren Sie.

1. _das_ Glas _die_ Flasche
   die Glasflasche

2. ____ Plastik ____ Becher
   ____ Plastikbecher

3. ____ Beruf ____ Schule
   ____ Berufsschule

4. ____ Meinung ____ Freiheit
   ____ Meinungsfreiheit

b Wie heißen die zusammengesetzten Nomen? Notieren Sie.

1. die Erziehung der Kinder _____

2. die Pflegerin für die Kranken _____

3. die Sendung im Radio _____

4. eine Situation mit Krisen _____

5. die Fabrik für Brot: _____

Arbeitswelt

1 **Was gehört zu diesen Berufen? Schreiben Sie die Ausdrücke aus der Wortschlange in die Tabelle.**

ARBUTSMETALLBEARBEITENWURDITOBUEXAKTEANALYSENMACHENSTAUCKL
ISPASSANTECHNIKHABENBEDASITETWASVONELEKTRONIKVERSTEHENMEISON
DURTELLTESTSUNDEXPERIMENTEMACHENUNTAUGRUNSMATSTOFFEUNDMATE
RIALIENNUNTERSUCHENTEGAUMEWOPULARENTANAUCHMALSCHMUTZIGWER
DENURDISSMENDEVIELAMCOMPUTERARBEITENÜBAPURMOGENEN

Mechatroniker/-in	Chemiker/-in

2 **Die Jobs von Lena Mersa. Ergänzen Sie die Lücken.**

○ Was für Jobs hatten Sie denn, wenn (1) S__ __ in den Ferien

(2) gea__ __ __ __ __ __ haben?

● Zuerst war (3) i__ __ Briefträgerin, insgesamt drei

(4) M__ __, immer zwei Monate (5) l__ __ __ im Sommer.

Man ist (6) b__ __ jedem Wetter im (7) Fr__ __ __ __, stellt

Briefe und (8) P__ __ __ __ __ zu.

○ Muss man (9) n__ __ __ __ sehr früh aufstehen, (10) w__ __ __ man die Post (11) aus__ __ __ __ __?

● Doch, doch. Ich (12) m__ __ __ __ schon um halb sechs (13) an__ __ __ __ __ __. Das war schon

(14) h__ __ __. Aber gegen Mittag (15) w__ __ war fertig, dann (16) h__ __ __ __ ich frei.

○ Sie sagten, (17) d__ __ __ Sie auch neben (18) d__ __ Studium gearbeitet haben. (19) W__ __ haben

Sie denn (20) n__ __ __ gemacht?

● Ich war (21) ei__ __ Zeit lang Taxifahrerin (22) u__ __ da habe ich (23) wir__ __ __ __ __ gut verdient.

Von (24) d__ __ Fahrgästen bekam ich (25) o__ __ Trinkgeld, weil ich so freundlich war.

3 **Mein Wunschberuf. Setzen Sie die Sätze fort.**

Ich möchte gern, _____

In diesem Beruf muss man _____

Ich kann gut _____

Mir ist sehr wichtig, dass _____

4 **Bei der Arbeit. In welcher Situation können Sie das sagen? Ordnen Sie zu.**

1. Es war ein langer Tag. Die Arbeit ist jetzt aber endlich fertig. ____

A Ich muss noch etwas fertig machen.

2. Sie arbeiten an drei Projekten gleichzeitig. Aber heute fängt eine neue Praktikantin an und kann Ihnen helfen. ____

B Ich brauche jetzt dringend eine Pause.

3. Die Kollegen machen Feierabend und fragen, ob Sie mitkommen. ____

C Was ist denn das Problem?

4. Ihr Kollege hat schon den ganzen Tag Probleme mit dem Computer. Er hat Sie um Hilfe gebeten. ____

D Ich mache jetzt gleich mal Schluss.

5. Ihre Chefin ist den ersten Tag wieder da. ____

E Ich bin so froh, dass Sie da sind und mir helfen.

6. Der Stress ist groß. Sie haben fünf Stunden lang gearbeitet, aber es gibt noch viel zu tun. ____

F Wie geht's denn so? Wie war der Urlaub?

5 a **Das würden die Personen gern machen. Ergänzen Sie die Modalverben *dürfen*, *können* und *müssen* im Konjunktiv II. Manchmal gibt es zwei Möglichkeiten.**

1. Carina würde gern essen gehen, wenn Sie nicht auf einen Kunden warten _____.

2. Wenn Herr Retti schon Feierabend hätte, _____ er mit den Kollegen weggehen.

3. Wenn Frau Haidara zu Hause arbeiten _____, würde sie nicht so viel Zeit für die Fahrt brauchen. Aber der Chef erlaubt es nicht

4. Die Kollegen wären froh, wenn sie eine Pause machen _____. Aber es geht nicht, sie müssen zuerst die Arbeit fertig machen.

5. Wenn ich Zeit hätte, würde ich dir gern helfen und du _____ nicht alles allein machen.

6. Wenn Boris schneller fertig wäre, _____ die Kollegen nicht auf ihn warten.

b ***Ich könnte, wenn ich ...* Schreiben Sie die *wenn*-Sätze.**

1. Ich könnte mit Freunden eine Party feiern, wenn _____
   ich / nicht / krank / sein / .

2. Eva würde einen neuen Laptop kaufen, wenn _____
   mehr Geld / haben / sie / .

3. Mario würde Ski fahren, wenn _____
   nicht / müssen / er / arbeiten / .

4. Wohin würden Sie reisen, Frau Frank, wenn _____
   jetzt / können / Urlaub / machen / Sie / ?

5. Welchen Star würdest du gern treffen, Markus, wenn _____
   du / können / etwas wünschen / dir / ?

6. Ines und Max würden gern in Berlin leben, wenn _____
   eine gute Stelle / sie / dort / haben / .

7. Wir könnten heute ins Theater gehen, wenn _____
   die Karten / so teuer / sein / nicht / .

6 a Beim Friseur ist etwas schiefgegangen. Was antwortet die Kundin? Ordnen Sie das Gespräch.

1. Und? Ist das in Ordnung so, Frau Schütz?   ____

2. Na ja, ein bisschen Rot ist schon dabei, aber mehr Braun. Und das steht Ihnen doch gut.   ____

3. Es ist mir ja auch unangenehm, dass die Farbe ein bisschen anders geworden ist.   ____

4. Wir können noch einmal nachtönen, aber das dauert dann noch mal eine Stunde …   ____

5. Ja natürlich. Ich mache so schnell, wie ich kann.   ____

A Ich hab' zwar keine Zeit, aber so kann ich nicht rumlaufen. Das muss jetzt einfach sein.

B Und was machen wir jetzt? Diese Farbe wollte ich nicht.

C Machen Sie's vor allem richtig. Ich möchte hellbraune Haare, keine roten.

D Oh nein! Das ist ja schrecklich. Ich wollte doch hellbraune Haare und keine roten!

E Braun?! Ich sehe doch selbst, dass das Rot ist. So geht das nicht.

b Wenn etwas passiert ist. Was sagen die Personen? Ergänzen Sie die Ausdrücke.

Absicht | leid | macht | nichts | passieren | peinlich | reden | schlimm | schon | schrecklich | wirklich | wollte

Entschuldigen Sie! Das (1) _____ ich nicht.

Schon gut, das ist doch nicht so (2) _____.

So was Dummes! Verzeihen Sie bitte. Es war keine (3) _____.

Ich weiß! Das kann doch jedem mal (4) _____.

Es tut mir ja so schrecklich (5) _____.

Ach, das (6) _____ doch nichts.

Entschuldigen Sie bitte, das ist mir sehr (7) _____!

(8) _____ gut, das ist mir auch schon mal passiert.

Das ist mir (9) _____ sehr unangenehm.

Aber das macht doch (10) _____.

Es tut mir (11) _____ leid.

(12) _____ wir nicht mehr davon.

7 Freundlich oder unfreundlich. Welche Reaktionen auf eine Entschuldigung sind freundlich? Kreuzen Sie an. Sprechen Sie die dann die freundlichen Ausdrücke laut.

1. Freunde müssen kurz auf Sie warten. Sie kommen zu spät.

a Schon gut. Ist doch kein Problem.
b Schon wieder du! Immer zu spät.

2. Sie gratulieren zwei Tage zu spät zum Geburtstag.

a Besser zu spät als gar nicht.
b Ach, das ist mir auch schon passiert.

3. Sie sprechen eine Bekannte mit dem falschen Namen an.

a Das kann doch jedem mal passieren.
b Mein Name ist doch nicht so schwer.

4. Beim Essen mit Freunden fällt ihr Glas um, der Tisch ist nass.

a Das macht doch nichts. Schon gut.
b Och, jetzt ist alles nass.

8 **Sich richtig bewerben. Lösen Sie das Rätsel.**

1. Wenn man eine (neue) Stelle sucht, muss man eine schriftliche … abschicken.
2. Im Bewerbungsschreiben sollte man sein … für diesen Job zeigen.
3. Man schickt der Firma seinen … mit einem aktuellen Foto. Darin stehen z. B. die Schulen, die man besucht hat.
4. Zu den Unterlagen gehören auch … von der Schule und anderen Ausbildungen.
5. Normalerweise braucht man die Beurteilung von jedem früheren …
6. Bei vielen Institutionen kann man ein … für ein Vorstellungsgespräch machen.

_ _ _ _ _ _ _ _ _ _ _ _
                3

_ _ _ _ _ _ _ _ _ _ _
                    1

_ _ _ _ _ _ _ _ _ _ _ _
4   5

_ _ _ _ _ _ _ _ _ _ _
            7

_ _ _ _ _ _ _ _ _ _ _ _
                        6

Oft suchen mehr Leute Arbeit als es _ _ _ _ _ _ _ gibt.
1 2 3 4 5 6 7

_ _ _ _ _ _ _ _
2

9 a **Termin beim Personalchef. Welche Präposition ist richtig? Kreuzen Sie an.**

1. Lara hat schon lange ☐ auf ☐ für ein Vorstellungsgespräch gewartet.

2. Sie hat auch ☐ an ☐ zu einem Bewerbungstraining teilgenommen.

3. Dort haben sich die Teilnehmer/innen ☐ an ☐ auf das Vorstellungsgespräch vorbereitet.

4. Sie haben über alle Dinge gesprochen, ☐ für ☐ auf die es ankommt.

5. Man soll beim Gespräch zeigen, dass man sich ☐ für ☐ auf die neue Firma interessiert.

b **Der neue Job. Präposition + Pronomen oder Pronominaladverb? Wählen Sie.**

A Ergänzen Sie. Die Wörter unten helfen.   **B** Ergänzen Sie.

Lara hat die neue Stelle, heute hat sie den Anruf bekommen! Eine Woche lang hat sie

(1) _darauf_____ gewartet. Sie ist so froh, dass sich die Firma (2) _____ entschieden

hat. In einer Woche kann sie anfangen. Sie ist sehr froh (3) _____. Sie hat nur mit ihrer

besten Freundin Jelena (4) _____ gesprochen. Ihren anderen Freunden hat sich noch nichts

(5) _____ erzählt.

darauf | darüber | davon | für sie

10 **Verben mit Präposition und Nebensatz. Schreiben Sie die Sätze mit dem passenden Pronominaladverb fertig.**

1. Frau Berger freut sich _darüber, dass die Kollegen ihr bei der Arbeit helfen._____
    dass / ihr / bei der Arbeit / die Kollegen / helfen / .

2. Herr Singer entscheidet sich _____
    noch / eine Woche länger / zu / machen / Urlaub / .

3. Vera ärgert sich _____
    dass / warten / sie / auf einen Anruf / müssen / .

4. Leon will _____ nachdenken, _____
    ob / er / mitarbeiten / bei dem Projekt / .

11 **Die Jobsuche. Was kann man sagen? Kreuzen Sie an.**

○ Ich habe gelesen, dass Sie jemanden für ihr Büro ☐ erwarten ☐ suchen ☐ finden.

● Ja, das stimmt. Die Stelle ist noch nicht ☐ frei ☐ aktuell ☐ besetzt.
Haben Sie denn schon Erfahrungen in diesem Bereich ☐ gesammelt ☐ gearbeitet ☐ bezahlt?

○ Ja, ich habe schon in zwei Ferienjobs Bürotätigkeiten ☐ geschrieben ☐ erledigt ☐ gebraucht.
Ich würde auch gern ☐ interessieren ☐ finden ☐ wissen, wie die Arbeitszeiten sind.

12 **Wegen einer Stellenanzeige anrufen. Was kann die Person, die Interesse hat, sagen? Schreiben Sie Sätze und Fragen.**

1. Ich rufe wegen _____
anrufen / ich / wegen / in der lokalen Zeitung / Ihre Stellenanzeige

2. _____
im Internet / ich / sehen // dass / ein Fahrer / Sie / suchen.

3. _____
möchten / ich / wissen / gern // die Stelle / sein / noch frei / ob

4. _____
Sie / sagen / mir / können // ob / am Wochenende / müssen / arbeiten / ich / ?

13 **Ein Vorstellungsgespräch. Ergänzen Sie das passende Verb.**

achten | bekommen | nachfragen | vorbereiten | wählen | zeigen

1. eine Einladung zum Gespräch

_____

2. sich gut darauf

_____

3. Kleidung passend zur Branche

_____

4. auch auf die Körpersprache

_____

5. Interesse und Aufmerksamkeit

_____

6. wenn etwas unklar ist,

_____

Wortbildung – Zusammengesetzte Nomen II

a **Verschiedene Jobs. Lesen Sie genau. Welche Bedeutung passt? Ordnen Sie zu.**

1. der Teilzeitjob _____
2. der Studentenjob _____
3. der Ferienjob _____

A Ein Job, den man neben dem Studium machen kann.
B Man arbeitet nicht volle 40 Stunden pro Woche, sondern weniger.
C Ein Job, den Schüler oder Studenten in den Ferien machen.

b **Wie heißt das Wort? Notieren Sie mit Artikel. Kontrollieren Sie mit dem Wörterbuch.**

1. Die Zeit, in der man arbeitet: _____

2. Die Zeit, in der man nicht arbeitet, sondern frei hat: _____

3. Die Zeit, die man in der Schule verbringt / verbracht hat: _____

4. Der Platz, auf dem man das Auto parken kann: _____

5. Der Platz, auf dem der Markt stattfindet / stattgefunden hat: _____

Umweltfreundlich?

→•← **1** **Fakten zur Umwelt. Wie heißt das Lösungswort? Wählen Sie.**

A Ergänzen Sie. Die Wörter unten helfen.   **B Ergänzen Sie.**

1. Meistens denken die Leute nicht daran, wie viel Trinkwasser
   sie täglich …

   _ _ _ _ _ _ ▢ _ _ _ _ _ _ _

2. Die Hälfte des Papiers verbraucht man für …, die man gleich
   wieder wegwirft.

   _ _ _ _ _ _ _ _ _ _ _ _ ▢ _

3. Die Deutschen produzieren viel Müll, die Mengen … über dem
   europäischen Durchschnitt.

   _ _ _ _ ▢ _ _ _

4. Beim Einkaufen und Essen denkt man nicht daran, welche
   Folgen der Konsum von … für die Umwelt hat.

   _ _ _ _ ▢ _ _

5. Man braucht auch enorm viel Wasser, um Kleidung und
   Nahrungsmittel zu …

   _ _ _ _ ▢ _ _ _ _ _

6. Man verbraucht sehr viel Papier, obwohl man so viel digital
   … kann.

   _ _ _ _ _ _ _ _ _ ▢ _

7. Jede Person in Deutschland produziert pro Jahr 220 Kilo …

   ▢ _ _ _ _ _ ▢ _

Das Lösungswort heißt _ _ _ _ _ _ _ _

Abfall | erledigen | Fleisch | liegen | produzieren | verbrauchen | Verpackungen

2 **Umweltschutz im Alltag. Zu welchem Thema passen die Ausdrücke? Ordnen Sie zu.**

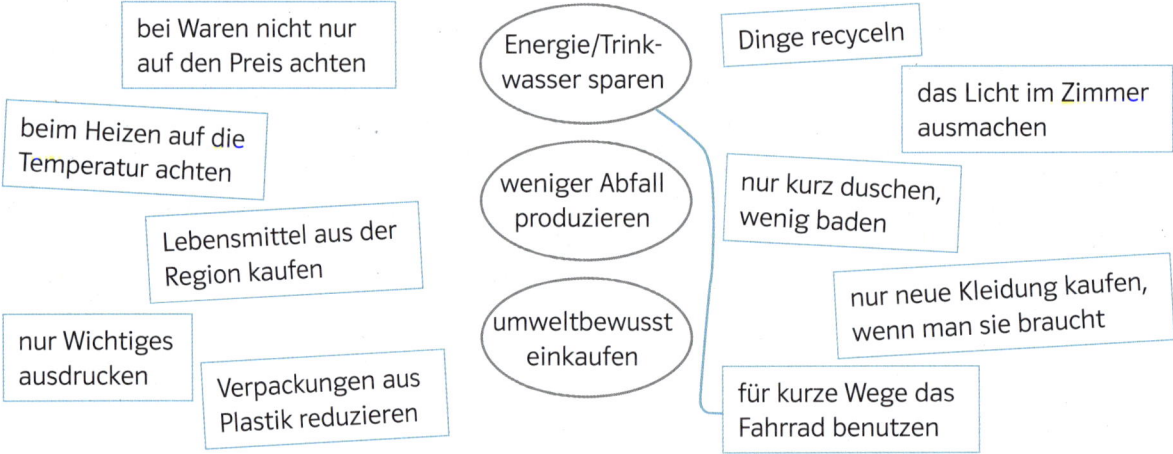

bei Waren nicht nur auf den Preis achten

beim Heizen auf die Temperatur achten

Lebensmittel aus der Region kaufen

nur Wichtiges ausdrucken

Verpackungen aus Plastik reduzieren

Energie/Trink-wasser sparen

weniger Abfall produzieren

umweltbewusst einkaufen

Dinge recyceln

das Licht im Zimmer ausmachen

nur kurz duschen, wenig baden

nur neue Kleidung kaufen, wenn man sie braucht

für kurze Wege das Fahrrad benutzen

3 **Mein ökologischer Fußabdruck? Setzen Sie die Sätze fort.**

Ich habe festgestellt, _____

Es hat mich nicht überrascht, _____

_____

Ich habe bisher wenig daran gedacht, _____

4 **Was tut Frau Seeber für die Umwelt? Ordnen Sie zu.**

1. Frau Seeber möchte keine Papier- oder
   Plastiktüten verwenden, ____

2. Fürs Baden braucht man viel mehr
   Wasser als fürs Duschen, ____

3. Wenn sie keine Tasche dabeihat, nimmt
   sie lieber eine Plastiktüte, ____

4. Da ein voller Geschirrspüler weniger
   Wasser und Energie verbraucht, ____

5. Frau Seeber kauft keinen E-Book-Reader, ____

6. Wenn Sie Getränke kauft, achtet sie darauf, ____

A denn diese kann man öfter als
  Papiertüten verwenden.

B spült sie das Geschirr nur noch selten
  von Hand.

C weil sie lieber Bücher aus Papier liest.

D deshalb nimmt Frau Seeber nur selten
  ein heißes Bad.

E dass es Mehrwegflaschen sind.

F darum nimmt sie zum Einkaufen
  immer eine Tasche mit.

5 **Ergänzen Sie die Komparative in der richtigen Form. Es können mehrere Adjektive passen.**

gern | gut | ~~korrekt~~ | lang | niedrig | oft | schön |
schwer | sparsam | viel | wenig | entspannend

E-Books sind die ökologisch (1) _korrektere_ Lösung,

wenn man (2) _____ als zehn Bücher pro Jahr

liest und den Reader (3) _____ als drei Jahre

verwendet. Aber Frau Leitner findet, dass die Wohnung mit

gedruckten Büchern einfach viel (4) _____ aussieht.

Wenn Frau Stastny Getränke kauft, dann nimmt sie Mehrwegflaschen aus Glas. Die sind zwar

(5) _____ als Plastikflachen, aber man kann sie auch (6) _____

verwenden. „Glasflaschen sind für mich die (7) _____ Lösung, weil ich Plastik einfach

nicht mag.

Herr Spiegel badet gern. Er weiß, dass Duschen die

(8) _____ Alternative wäre, weil man dabei

(9) _____ Wasser und Energie verbraucht. Aber er

findet es viel (10) _____, in der Badewanne zu liegen.

Herr Khara spült das Geschirr (11) _____ von Hand, obwohl ein voller Geschirrspüler

einen (12) _____ Verbrauch an Wasser und Energie hat.

6 **Die attraktivste Stadt? Ergänzen Sie die Superlative in der richtigen Form.**

In Supercity gibt es die (1) _____ (schön) Häuser, die

(2) _____ (sicher) Straßen und (3) _____ (groß)

Geschäfte. Es gibt hier die (4) _____ (modern) U-Bahn der Welt.

Hier steht auch das (5) _____ (toll) Theater, in dem nur die

(6) _____ (gut) Schauspielerinnen und Schauspieler auftreten. Im

(7) _____ (bequem) Kino laufen immer die (8) _____

(neu) Filme. Auch die Schulen von Supercity sind die (9) _____ (cool)

Schulen überhaupt: Hier arbeiten die (10) _____ (freundlich)

Lehrerinnen und Lehrer. Vielleicht leben hier die (11) _____

(glücklich) Menschen, die man sich vorstellen kann. Vielleicht.

7 **Betonung in langen Sätzen. Zeichnen Sie Sie die Wortgrenzen und Satzzeichen ein. Markieren Sie dann die Wörter, die Sie betonen wollen, und lesen Sie den Text laut.**

1. beim|baden|verbrauchtmanmehrwasseralsbeimduschenabermanchefindeneseinfachbequemer

2. fürdiegleichemengegeschirristderbedarfanwasservielgrößerwennmanesvonhandspült

3. fürdieumweltistesbesserwennmanwenigerfleischisstundwennmandochmalfleischisstdann biofleischaberesistauchteurer

4. neuegerätesindnurdannbesserfürdieumweltalsaltewennmansieauchlangezeitverwendet

8 **Was kann man sagen? Kreuzen Sie das passende Wort an.**

1. Studien zeigen, dass man jährlich 18 Millionen Tonnen Lebensmittel ☐ weglegt ☐ wegwirft ☐ vermeidet.

2. Ein Start-up will gegen diese Verschwendung ☐ kämpfen ☐ entscheiden ☐ eröffnen.

3. Waren, die einen kleinen Fehler haben, sind auch online ☐ möglich ☐ nützlich ☐ erhältlich.

4. Das Start-up ReCup möchte etwas gegen den Müllberg ☐ vermeiden ☐ sparen ☐ tun.

5. Kunden von Cafés und Bäckereien können Kaffeebecher ☐ bestellen ☐ leihen ☐ spülen.

6. Wenn Sie diese zurückbringen, ☐ bekommen ☐ bestehen ☐ finden sie ihr Pfand zurück.

9 a **Wozu machen die Leute das? Suchen Sie für jeden Satz eine passende Fortsetzung. Schreiben Sie Sätze mit *um ... zu*.**

frische Ware bekommen | mehr Bewegung haben | nicht im Stau stehen | Verpackungen vermeiden | Wasser sparen

1. Zeynab duscht oft und badet nur selten, _____

2. Shalini fährt nicht mit dem Aufzug, _____

3. Ben kauft Gemüse direkt beim Bauern, _____

4. Nico bestellt nicht oft im Internet, _____

5. Viorica fährt mit dem Fahrrad zur Arbeit, _____

b **Wozu machen die Personen das? Ergänzen Sie die Sätze. Verwenden Sie *um … zu*, wenn es möglich ist.**

1. Katja beeilt sich sehr,   *damit ihre Freunde nicht lange warten müssen.*
   lange / ihre Freunde / nicht / warten / müssen

2. Dursun ruft seine Freunde an,   _____
   er / sie / zum Abendessen / einladen.

3. Nina macht im Bus ihren Platz frei,   _____
   ein alter Herr / sitzen / können

4. Florian telefoniert beim Essen nicht,   _____
   die anderen / er / nicht / stören

5. Natasha muss heute länger arbeiten
   und ruft ihren Mann an,   _____
   er / keine Sorgen / sich / machen

10 **Meinungen austauschen. Markieren Sie die Wörter in der Wortschlange. Ergänzen Sie dann die Sätze.**

UBILBETONENPOLIKGEGENTEILSUWEMEINUNGRALLVOTÜBERZEUGTUZIPWIDE
RSPRECHENAPZUSTIMMENOKLERTEND

Ich bin der (1) _____, dass man
zu wenig über Umweltprobleme redet.

Da kann ich dir nicht (2) _____.
Man redet viel, aber man tut zu wenig.

Ich bin (3) _____, dass auch
kleine Aktionen für die Umwelt wichtig sind.

Da muss ich dir leider (4) _____.
Umweltschutz ist die Aufgabe der großen
Firmen.

Ich möchte noch mal (5) _____,
dass jeder bei sich selbst anfangen muss.

Nein, ganz im (6) _____.
Umweltschutz ist die Verantwortung des
Staates. Man braucht strenge Gesetze.

11 **Rund ums Wetter. Was passt zu den Abbildungen? Notieren Sie.**

bewölkt | das Gewitter | die Sonne scheint | es blitzt | es donnert | es hagelt | es nieselt |
feucht | heiß | kühl | neblig | regnerisch | schwül | sonnig | stürmisch | keine Wolken

_____   _____   _____
_____   _____   _____
_____   _____   _____
_____   _____   _____

12 Zwei Wetterberichte. Ergänzen Sie die Lücken.

Und noch zum (1) W_ _ _ _ _: die Aussichten für (2) mo_ _ _ _, Mittwoch. Es wird (3) n_ _ _

einmal heiß. Die (4) Tem_ _ _ _ _ _ _ _ erreichen Werte über dreißig (5) G_ _ _. Ab

Mittag weht (6) z_ _ Teil ein starker (7) W_ _ _ aus westlicher Richtung. (8) Ab_ _ _ _ kann es

starke (9) Ge_ _ _ _ _ geben, besonders in (10) d_ _ Bergen. Achtung, stellenweise

(11) Ge_ _ _ _ von Hagel.

Morgen, am Dienstag, (12) g_ _ _ es kaum Sonne, es (13) b_ _ _ _ _ kalt. Die Höchsttemperaturen

(14) l_ _ _ _ _ zwischen minus 4 und (15) m_ _ _ _ 1 Grad. Im Lauf des Tages (16) k_ _ _ _

es immer wieder kräftig (17) sch_ _ _ _ _. Ab Mittwoch wird es wärmer, da (18) sch_ _ _ _ im

Westen für längere (19) Z_ _ _ die Sonne. Es (20) w_ _ _ eine kalte Nacht, Temperaturen

(21) b_ _ minus 10 Grad sind (22) mö_ _ _ _ _.

13 Engagement für die Umwelt. Wie kann man auch sagen? Kreuzen Sie an.

1. Personen mitfahren lassen
   - [a] mit einer anderen Person im Auto mitfahren
   - [b] andere Personen im eigenen Auto mitnehmen

2. den Wald aufräumen
   - [a] im Wald Holz und Pflanzen sammeln
   - [b] Müll im Wald sammeln und wegbringen

3. Insekten schützen
   - [a] im Garten Platz für Insekten schaffen
   - [b] aufpassen, weil Bienen und Wespen gefährlich sein können

4. Naturwanderung mit Kindern
   - [a] Kinder ohne Schuhe draußen herumlaufen lassen
   - [b] Kinder die Natur entdecken lassen

Wortbildung – Nomen mit *-ung*

a Markieren Sie das Verb. Wie heißt das Nomen dazu? Schreiben Sie. Kontrollieren Sie mit dem Wörterbuch.

1. Manche Industrien verschmutzen das Wasser.   *die Verschmutzung*

2. Wegen eines Staus verspätet sich der Bus.   _____

3. Eine Person hat sich bei einem Unfall verletzt.   _____

4. Ausgebildete Personen betreuen die Kinder.   _____

5. Die Kunden bewerten den Service in einem Hotel.   _____

b Ergänzen Sie im Satz das passende Nomen.

1. Er hat den Urlaub nicht selbst geplant. Das Reisebüro hat die _____ gemacht.

2. Lorenz bewirbt sich um einen Job. Er hofft, dass er mit seiner _____ Erfolg hat.

3. Frau Sigl bewegt sich zu wenig. Der Arzt hat ihr mehr _____ empfohlen.

4. Man verpackt Waren für den Transport. Danach wirft man die _____ weg.

Blick nach vorn

→•← **1** **Was passiert in der Zukunft? Was denken die Personen? Wählen Sie.**

A **Ergänzen Sie. Die Wörter unten helfen.**   **B** **Ergänzen Sie.**

Alicia Canaval glaubt, dass …

- Roboter im Alltag viele Aufgaben (1) _____,
- reiche Menschen in Städten mit Drohnen (2) _____,
- die Menschen mindestens zehn Jahre länger (3) _____,
- man viele Lebensmittel in Labors (4) _____ kann,
- die Leute viel öfter zu Hause als im Büro (5) _____.

Valentin Kerber glaubt nicht, dass …

- man auf dem Mars Wohnanlagen (6) _____ kann,
- die Menschen bis zu 150 Jahren alt (7) _____,
- Leute einen Chip unter der Haut (8) _____ wollen,
- in den Städten nur noch wenige Autos (9) _____.
- die Leute Fleisch aus dem Labor (10) _____ wollen.

arbeiten | bauen | essen | fahren | fliegen | haben | herstellen / produzieren | leben | übernehmen | werden

2 **Was denken Sie? Setzen Sie die Sätze fort.**

Ich vermute, dass _____

Ich stelle mir vor, dass _____

Ich glaube nicht, dass _____

Ich kann mir nicht vorstellen, dass _____

3 a **Was haben die Personen in nächster Zeit vor? Zwei Verbformen sind richtig. Streichen Sie die falsche Form.**

1. Angelo   wird / werde / will   seiner Tochter ein Geschenk machen.

2. Angelo und seine Familie   wollen / werden / möchte   in Urlaub fahren.

3. Frau Steger   möchte / wirst / will   mit ihrer Chefin über das Gehalt reden.

4. Peter und seine Freunde   wollen / möchtest / werden   eine Party feiern.

5. Ich   wird / werde / will   meine Freunde in Dresden besuchen.

6. Wir   möchten / wird / wollen   Ausflüge in die Umgebung von Dresden machen.

7. Hannah   möchte / wird / wollen   die Schule wechseln und neu beginnen.

8. Und du, Isabel, was   möchte / wirst / willst   du in nächster Zeit anders machen?

9. Was für Vorsätze habt ihr? Was   möchtet / wird / wollt   ihr verändern?

b **Viele Vorsätze. Was werden die Leute machen? Schreiben Sie Sätze mit Futur I.**

1. Jakob ist Schüler und hat schlechte Noten. *Er wird mehr für die Prüfungen lernen.*
   für die Prüfungen / mehr / lernen / er

2. Lisa arbeitet zu viel und hat kaum Freizeit. _____
   die Zeit / besser / planen / sie

3. Herr und Frau Berger trinken zu viel Kaffee. _____
   weniger / sie / trinken / Kaffee

4. Meine Freunde und ich spielen Fußball. _____
   im nächsten Jahr / wir / öfter / trainieren

5. Was hast du vor? Was _____
   du / im nächsten Jahr / machen / anders

4 **Pläne und Vorsätze realisieren. Ergänzen Sie den passenden Beginn des Satzes.**

Sie fängt an, … | Hanna und José haben sich vorgenommen, … | Sie wollen nicht mehr so oft … |
Frau Luhmann hat vor, … | Er hat vor, … | Nächstes Jahr …

1. _____ wird Tom weniger essen
   und gesünder leben.

2. _____ sein Abo im Fitness-
   Studio besser zu nützen.

3. _____
   _____ dass sie sich öfter mit ihren Freunden treffen.

4. _____ die Abende alleine
   zu Hause verbringen.

5. _____ nur noch Bio-Produkte
   zu kaufen.

6. _____ sich genau über die
   Waren zu informieren.

5 a **Wörter mit der n-Deklination. Welche Form ist richtig? Kreuzen Sie an.**

1. Im Haus ist eine Familie mit einem ☐ Junge ☐ Jungen neu eingezogen.

2. Wo hast du denn die Fahrkarte gekauft? – Bei dem ☐ Automat ☐ Automaten da drüben.

3. Lisa hat einen neuen Freund, einen ☐ Franzose ☐ Franzosen.

4. Ich habe im Zoo einen ☐ Affe ☐ Affen beobachtet. Der kann ganz tolle Sachen!

5. Das ist eine leichte Arbeit, die kann der neue ☐ Praktikant ☐ Praktikanten machen.

6. Ich glaube, dass der ☐ Konsument ☐ Konsumenten mehr Macht hat, als er glaubt.

7. Entschuldigen Sie bitte, ich habe Ihren ☐ Name ☐ Namen nicht verstanden.

8. Ich habe mich auf der Party allein gefühlt. Ich habe keinen ☐ Mensch ☐ Menschen gekannt!

→•← **b** **Wer war das? Wählen Sie.**

A Ergänzen Sie. Die Wörter unten helfen.   **B Ergänzen Sie.**

1. Von wem sind diese Fotos? Sind sie von einem _____?

2. Weißt du, von welchem _____ der Artikel in der Zeitung ist?

3. Ich bin total geschafft. Ich hatte heute so viele _____ im Geschäft.

4. Der Chef in der Firma nervt, aber ich habe nette _____.

5. Wir wohnen auf dem Land, Milch und Butter kaufen wird direkt beim _____.

6. Ich habe eine Mail an _____ Miller geschrieben, aber er antwortet nicht.

Bauer | Fotograf | Herr | Journalist | Kollege | Kunde

---

6 **Nachrichten aus der Schweiz. Dort verwendet man kein ß. Wo schreiben Sie ß statt ss? Markieren Sie.**

1. Grüsse vom Zürichsee. Sitze in der Sonne, geniesse ein süsses Eis. Alles passt bestens!

2. Bin leider krank, muss im Bett bleiben. Alle ausser mir haben grossen Spass in St. Moritz.

3. Keine Auto auf der Strasse, ich bin immer draussen. Ich lasse es mir gut gehen in Zermatt.

4. Vor dem Zimmer fliesst ein kleiner Fluss. Ich weiss jetzt auch, wie er heisst: Mattervispa.

---

7 **Städte im Jahr 2050. Ergänzen Sie die passenden Verben.**

aussehen | bieten | diskutieren | entstehen | geben | leben | produzieren | spielen | teilen | wachsen

1. Viele möchten gern wissen, wie Städte in Zukunft _____.

2. Deshalb _____ Experten und Interessierte neue Ideen.

3. Prognosen sagen, dass 70 % der Menschen in Städten _____ werden.

4. Es wird viele Fuß- und Radwege und weniger Platz für Autos _____.

5. Die Wohnungen werden kleiner, die Menschen werden sich manche Räume _____.

6. Man wird weniger anonym leben, obwohl die Städte _____.

7. Die Stadtviertel werden Platz zum Wohnen, Arbeiten und sich erholen _____.

8. Erholung und Sport in der Nähe werden eine große Rolle _____.

9. In den Städten werden deshalb mehr Parks und Grünflächen _____.

10. Solarzellen und Windturbinen werden den nötigen Strom _____.

---

8 a **Personen in der Nachbarschaft genauer beschreiben. Was ist richtig? Kreuzen Sie an.**

1. Kennst du den netten Herrn, ☐ dem ☐ der ☐ denen das Haus da hinten gehört?

2. Gleich neben uns wohnt Frau Keller, ☐ dem ☐ der ☐ denen man das Auto gestohlen hat.

3. Ich treffe Arne und Frank, ☐ dem ☐ der ☐ denen ich vom Urlaub erzählen möchte.

4. Wer ist denn der große Junge, ☐ dem ☐ der ☐ denen du gerade gratuliert hast?

5. Wer sind die beiden Frauen, ☐ dem ☐ der ☐ denen die Kellnerin Kaffee gebracht hat?

6. Wie heißt denn das Mädchen, ☐ dem ☐ der ☐ denen du alles Gute gewünscht hast?

b **Bekannte und Freunde. Schreiben Sie Relativsätze.**

1. Das ist Frau Frick, *der ich gestern den Weg erklärt habe.* _____
   Ich habe ihr gestern den Weg erklärt.

2. Ich treffe am Abend ein paar Freunde, _____
   Ich zeigen ihnen die Fotos von der Party.

3. Morgen kommen Kollegen aus Spanien, _____
   Ich zeige ihnen unsere Stadt.

4. Das ist Herr Frick, _____
   Das neue Motorrad gehört ihm.

5. Ich besuche nachher das Kind meiner Freundin, _____
   Es geht ihm nicht gut.

6. Heute kommt Frau Lindner, _____
   Ich leihe ihr ein paar Bücher.

c **Larissas Arbeit und Wohnung. Was passt zusammen? Ordnen Sie zu.**

1. Larissa hat einen langen Weg zur Arbeit, ____
2. Aber sie hat eine schöne Wohnung, ____
3. Hier kennt sie auch viele Leute, ____
4. Außerdem gibt es gleich um die Ecke kleine Geschäfte, ____
5. Nächste Woche hat sie einen Termin mit dem Chef, ____
6. Das ist für sie ein wichtiges Gespräch, ____
7. Wenn es nicht klappt, dann möchte sie einen Arbeitsplatz suchen, ____

A aus der sie nicht ausziehen will.

B in denen sie gern einkauft.

C bei dem sie fragen will, ob sie nicht öfter im Homeoffice arbeiten kann.

D zu dem sie auch mit dem Fahrrad fahren kann.

E auf das sie sich auch gut vorbereitet.

F für den Sie den Bus und dann die U-Bahn nehmen muss.

G mit denen sie manchmal ausgeht und viel Spaß hat.

d **So ein Pech! So ein Glück! Relativsätze. Ergänzen Sie das Relativpronomen und die Präposition, wenn nötig.**

Eva war gestern in der Stadt unterwegs. Plötzlich fehlte ihre Tasche, (1) *in der* _____
ihr Handy und ihre Schlüssel waren. Diese Tasche, (2) _____ sie sich erst
vor kurzem gekauft hatte, hatte sie sehr gern. Sie ging noch einmal zurück in das
Geschäft, (3) _____ sie zuletzt war. Doch die Verkäuferin, (4) _____
sie sprach, wusste nicht, wo die Tasche war. Also ging Eva zum Rathaus,
(5) _____ gleich in der Nähe war, und fragte nach dem Fundbüro. Der Mann
im Fundbüro, (6) _____ sie ihr Problem erklärte, war sehr nett. Er gab ihr ein
Formular, (7) _____ Eva ihre Daten eintrug. Zwei Stunden später bekam sie
einen Anruf aus dem Fundbüro: „Hier waren gerade zwei Jungen, (8) _____
Ihre Tasche gefunden haben. Das Handy und die Schlüssel, alles ist noch da!" Eva
freute sich sehr.

9 a **Bald ist es soweit! Wie reagiert der Gesprächspartner? Ordnen Sie zu.**

1. Übrigens, ich habe gerade mit der Chefin gesprochen und ein Angebot bekommen … ____

2. Du weißt doch, dieses Projekt in Norwegen, von dem ich erzählt habe. ____

3. Na klar. Ich kann für ein halbes Jahr nach Trondheim gehen. Und verdiene dort gut. ____

4. Nein, aber in der Firma brauche ich das nicht. Ich bin so neugierig auf Land und Leute. ____

5. In drei Monaten. Ich kann es kaum erwarten. ____

A Ich würde auch gern so ein Angebot bekommen. Kannst du denn Norwegisch?

B Ach, das ist doch nicht mehr lang. Und du kannst noch ein bisschen Norwegisch lernen in der Zeit.

C Jetzt schickt sie dich da hin. Stimmt's? Du klingst so begeistert.

D Ich auch, ich komme dich nämlich besuchen. Wann fährst du?

E Ach echt? Was denn?

b **Was kann man in der Situation sagen? Kreuzen Sie an. Es gibt mehrere Möglichkeiten.**

Ihre Lieblingssängerin hat einen neuen Song veröffentlicht. Sie sind nicht wirklich begeistert.

1. Das neue Lied ☐ passt schon ☐ ist einfach perfekt ☐ ist nichts Besonderes.

2. Der Text ist ☐ insgesamt nicht schlecht ☐ schwer verständlich ☐ an manchen Stellen gut.

3. Die Melodie ist ☐ schon in Ordnung ☐ einfach zu kitschig ☐ sehr schön romantisch.

Sie sind vom neuen Album Ihrer Lieblingsband begeistert.

4. Ich finde, das neue Album ☐ ist ganz okay ☐ ist insgesamt toll ☐ hat super Songs.

5. Mir gefallen die Lieder ☐ insgesamt sehr gut ☐ nicht schlecht ☐ wirklich super.

6. Die Texte sind ☐ leicht verständlich ☐ ziemlich interessant ☐ einfach sehr kreativ.

10 **Einen Sänger / Eine Sängerin vorstellen. Welche Ausdrücke finden Sie in der Wortschlange? Markieren und notieren Sie.**

MUNKONZERTEGEBENÜBELIETSELEINALBUMAUFNEHMENGUGVIELEAUFTRITTEHABENPUKLIERE
NANEINERCASTINGSHOWTEILNEHMENÖSTRIKONPREISEBEKOMMENEBEWEGUTETEXTEHABENLA
GEMAINDENCHARTSSEINBLULEUAUWERMITGLIEDEINERJURYSEINELA

_____

_____

_____

Wortbildung – Nomen mit *-heit* und *-keit*

Bilden Sie aus dem Adjektiv ein Nomen mit *-heit* oder *-keit*. Ergänzen Sie dann die Sätze. Kontrollieren Sie mit dem Wörterbuch.

1. flüssig   Sie sollten viel trinken. Nehmen Sie viel _Flüssigkeit_____ zu sich.

2. frei   Nach der Schule machen sie eine Reise, um ihre _____ zu genießen.

3. schwierig   Ich habe nicht gedacht, dass es so viele _____ gibt.

4. gewohnt   Laura steht immer früh auf, das ist eine _____ von ihr.

5. wahr   Das stimmt wirklich, er hat die _____ gesagt.

6. ähnlich   Das Kind hat große _____ mit seiner Mutter.

Zwischenmenschliches

→•← **1** **Nach dem Sport. Wählen Sie.**

A Ergänzen Sie. Die Wörter unten helfen.   **B Ergänzen Sie.**

○ Also, ich bin jetzt ziemlich k.o.

● Ich auch. Aber das Spiel heute hat echt (1) _____ gemacht … und war anstrengend!

○ Stimmt! Ich muss mich heute leider (2) _____ . Ich gehe gleich noch ins Kino.

● Boah, da hätte ich jetzt keine (3) _____ drauf. Ich freue mich auf mein Sofa zu Hause.

   Dann bis (4) _____ Woche, oder?

○ Ach, gut, dass du fragst! Ich bin dann für zwei Wochen nicht da.

   Wir (5) _____ ans Meer.

● Echt? Cool. Wo macht ihr denn (6) _____ ?

○ Wir wollen wieder mal an die Ostsee. Hoffentlich spielt das

   (7) _____ mit.

● Ach, bestimmt. Und du erzählst mir (8) _____ , wie es war. Ich

   wollte schon lange mal an die Ostsee.

beeilen | danach / dann | fahren | Lust | nächste | Spaß | Urlaub | Wetter

2 **Was erzählen die Personen über Freundschaften? Was gehört zusammen? Ordnen Sie zu.**

1. Weil ich noch keine anderen Leute kennengelernt hatte, ____

2. Obwohl wir im selben Haus wohnten, ____

3. Wir sind jetzt seit 10 Jahren richtig gut befreundet, ____

4. Als mein Freund und ich zusammen in eine Wohnung gezogen waren, ____

5. Als jeder von uns wieder eine eigene Wohnung hatte, ____

6. Weil mein Freund genauso gern Sport macht wie ich, ____

A aber leider können wir uns wegen der Arbeit nicht mehr so oft sehen.

B gab es zwischen uns immer wieder Konflikte und auch richtigen Streit.

C haben wir uns wieder richtig gut verstanden und oft etwas unternommen.

D waren wir uns bisher noch nie begegnet.

E treffen wir uns oft und sind gemeinsam aktiv.

F fühlte ich mich an meinem neuen Wohnort etwas einsam.

3 a **Was war zuerst? Kreuzen Sie an.**

1. [a] Aylin kam im Büro an.   [b] Sie ging kurz zu ihrer Kollegin Mia.

2. [a] Sie machten zusammen Mittagspause.   [b] Beide arbeiteten den ganzen Vormittag.

3. [a] Mia erzählte in der Pause von einem Problem.   [b] Aylin ging am Abend zu ihr.

4. [a] Mia fühlte sich wieder besser.   [b] Sie sprachen lange zusammen.

b   **Anna ist nach ihrer Hochzeit nach Berlin gezogen.**
Was war vor dieser Zeit in ihrem Leben?
Schreiben Sie die Sätze im Plusquamperfekt.

1. Mit 19 Jahren

war Anna von zu Hause nach Bremen gezogen.

Anna / von zu Hause nach Bremen / ziehen

2. Drei Jahre später

_____

mit ihrem Freund / nach Portugal / gehen / sie

3. Zwei Jahre lang

_____

mit Tiago / zusammenleben / sie

4. Mit 25

_____

Anna / allein / zurückkommen / nach Bremen

5. Bald darauf

_____

kennenlernen / sie / Julia

6. Nach einem Jahr

_____
_____

heiraten / und / ein großes Fest / mit Freunden / sie / feiern

4   **Matilda lernt neue Leute kennen. Was ist richtig? Kreuzen Sie an.**

1. Matilda hatte nach ihrem Studium eine Stelle in Freiburg ☐ gefunden ☐ abgeschlossen.

2. Sie hatte sich auf ihr neues Leben in Freiburg ☐ beworben ☐ gefreut.

3. In Freiburg stellte sie fest, dass sie ihre alten Freunde sehr ☐ vermisst ☐ vergisst.

4. Sie entdeckte ein „Netzwerk unter Nachbarn" und ☐ meldete sich an ☐ bewarb sich.

5. Sie hatte die Idee, über das Netzwerk Leute zum Essen ☐ zu informieren ☐ einzuladen.

6. Nach kurzer Zeit haben sich die Gäste und Matilda gut ☐ unterhalten ☐ gefreut.

7. Einige fanden das gut und haben auch ein Abendessen ☐ organisiert ☐ funktioniert.

8. Matilda lernte nette Leute kennen, daraus ☐ entdeckten ☐ entwickelten sich Freundschaften.

5   **Perfekt oder Plusquamperfekt? Was ist richtig? Ergänzen Sie das Verb.**

1. Nachdem Matilda ihr Studium _____ (abschließen), zieht sie nach Freiburg.

2. Karim und Valentin stritten oft, nachdem sie eine WG _____ (gründen).

3. Nachdem Elena Freunde _____ (finden), fühlt sie sich nicht mehr einsam.

4. Nachdem Alessia _____ (heiraten), traf sie ihre Freunde nicht mehr so oft.

5. Yannik sucht eine andere Stelle, nachdem er _____ (umziehen).

6 a **Wie wollten doch jetzt los! Lesen Sie das Gespräch. Ergänzen Sie die Lücken.**

○ Du bist ja immer noch nicht fertig. (1) I__ __ dachte, wir wollen (2) je__ __ __ los.

● Du, ich (3) b__ __ so müde. Im (4) B__ __ __ war es heute (5) to__ __ __ anstrengend. Ich würde

(6) g__ __ __ zu Hause bleiben.

○ Ich (7) h__ __ __ mich so auf heute (8) A__ __ __ __ gefreut. Aber seitdem du (9) d__ __ neue Stelle

hast, (10) b__ __ __ du immer erschöpft und (11) m__ __ __. Ich wünsche mir (12) wi__ __ __ __ __ __,

dass wir mehr zusammen (13) unter__ __ __ __ __ __.

● Komm schon, wir (14) f__ __ __ __ bestimmt einen Kompromiss. Ich habe (15) i__ Momente so viel

(16) St__ __ __ __. Wir gehen am (17) Woch__ __ __ __ __ zusammen aus, okay?

○ Na (18) g__ __, wenn du meinst. Ich kann dich ja (19) au__ __ irgendwie verstehen. Mach (20) d__ __

einen ruhigen Abend, ich (21) tr__ __ __ __ mich mit Jakob, Lisa und Aylin.

● Sei mir (22) b__ __ __ __ nicht böse. Wir machen (23) d__ __ __ am Samstag was Schönes.

b *Seit/Seitdem*, *während*, *bis* oder *bevor*: Was passt? Kreuzen Sie an.

	seit	während	bis	bevor	
1. Tom ist zufrieden mit seiner Arbeit,					er in der neuen Firma begonnen hat.
2. Er hatte schon lange eine Stelle gesucht,					er endlich ein gutes Angebot bekam.
3. Heute erfährt er viel Neues über die Firma,					er mit den Kollegen Mittagspause macht und redet.
4. Tom war oft unzufrieden gewesen,					er die Stelle wechselte.
5. Jetzt hat er auch privat wieder Pläne,					er wieder eine gute Stelle hat und mit der Arbeit zufrieden ist.
6. Nach der Arbeit studiert er und lernt für Prüfungen,					er spät und total müde ins Bett geht.
7. Manchmal lernt er auch,					er mit der U-Bahn zur Arbeit fährt.
8. Tom war nicht motiviert für sein Studium,					er diese neue Stelle hatte.

7 **Ich und mein Deutsch. Setzen Sie die Satzanfänge fort.**

Ich lerne mit Erfolg Deutsch, seit _____

Während ich Übungen mache, _____

Ich möchte so lange Deutsch lernen, bis _____

Ich konnte kein Deutsch, bevor _____

Ich kann am besten lernen, nachdem _____

8 Welche Verben passen? Ergänzen Sie.

BEN   BEN   DEN
AK   BLEI   EI   GE   NI   GEN   GEN
NACH   SCHA   SCHWEI   STREI   TIE   ZEP   REN   TEN

1. In einer Beziehung muss mal der eine und mal der andere _____.

2. Wenn man tolerant ist, dann kann man auch die Meinung von anderen _____.

3. Es ist auch kein Problem für eine Beziehung, wenn die Partner manchmal _____.

4. Wenn man sich gestritten hat, ist es wichtig, sich auch wieder zu _____.

5. Wenn man sich gegenseitig kritisiert, dann ist es wichtig, dabei ruhig zu _____.

6. Man muss nicht immer sagen, was man denkt. Manchmal ist es besser zu _____.

7. Wenn man nie über Probleme spricht, dann wird das einer Beziehung _____.

9 Miteinander streiten. Wie heißen die Ausdrücke? Verbinden Sie.

| aber etwas! | böse, bitte. | du besser zuhörst. | einen Kompromiss. | gleich so auf. |

1. Ich wünsche mir, dass …   4. Sei mir nicht …   7. Wir finden bestimmt …

2. Ich kann dich ja …   5. Reg dich doch nicht…   8. Das kann echt …

3. Jetzt übertreibst du …   6. Das ist ja …   9. Immer das Gleiche …

| gut verstehen. | nicht so schlimm. | mit dir! | nicht wahr sein. |

10 Was passt in der Situation? Kreuzen Sie an und sprechen Sie dann laut.

1. ○ Ich komme morgen zu Besuch.   ● Schön! Da freu ich mich ☐ denn ☐ aber sehr.
2. ○ Komm, ich muss dir etwas zeigen.   ● Gleich. Was gibt es ☐ mal ☐ denn?
3. ○ Lia ist nicht im Büro? Wo ist sie?   ● Ach, die ist ☐ aber ☐ wohl in der Pause.
4. ○ Wir machen jetzt Pause. Du auch?   ● Geht schon ☐ ja ☐ mal voraus. Ich komme gleich.
5. ○ Hast du morgen auch frei?   ● Das wäre ☐ denn ☐ ja schön! Aber leider nein.

11 Leben in Partnerschaften. Ergänzen Sie die Texte.

Clara Schumanns Vater war gegen die Ehe mit dem armen Künstler Robert Schumann. Er wollte die Ehe

(1) v_ _ _ _ _ _ _ _. Die Beziehung war auch deshalb (2) sch_ _ _ _ _, weil Robert

Schumann nicht wollte, dass seine Frau Clara Konzerte gab. Man weiß viel über ihr Leben, weil sie sich

über 500 (3) B_ _ _ _ _ geschrieben haben.

Der bekannte Künstler Neo Rauch ist mit der Malerin Rosa Loy (4) v_ _ _ _ _ _ _ _ _.

Sie arbeiten in getrennten Ateliers, aber in ihrer Arbeit (5) be_ _ _ _ _ _ _ sie sich

gegenseitig. Neo Rauch und Rosa Loy haben einen Sohn, der schon (6) e_ _ _ _ _ _ _ ist.

Anna Loos und Jan Josef Liefers sind ein bekanntes (7) P_ _ _ unter den deutschen Prominenten. Die

beiden lieben Musik und (8) e_ _ _ _ _ _ _ _ sich auch in sozialen Projekten.

12 Die Fabel von Bär, Löwe und Fuchs. Wie kann man auch sagen? Ordnen Sie zu.

1. die Fabel   ____   A was Tiere oder Menschen gefangen oder getötet haben

2. die Jagd   ____   B etwas sagen oder behaupten, das nicht wahr ist

3. die Beute   ____   C freundlich und mit gutem Benehmen

4. zornig sein   ____   D Tiere fangen und töten andere Tiere, um sie zu fressen

5. lügen   ____   E etwas ist spitz und schneidet sehr gut

6. höflich   ____   F eine Geschichte, in der sich Tiere wie Menschen verhalten

7. scharf   ____   G wütend und aggressiv reagieren

13 Eine Geschichte gut vorlesen. Markieren Sie Pausen im Text. Unterstreichen Sie die Wörter, die Sie besonders betonen wollen. Lesen Sie die Geschichte dann laut.

ein Rabe hatte einen Käse gestohlen flog damit auf einen Baum und wollte dort in Ruhe den Käse essen ein Fuchs kam vorbei und sah den Raben er lief eilig dorthin und begann den Raben zu loben oh Rabe was bist du für ein wunderbarer Vogel wenn dein Gesang ebenso schön ist wie deine Federn dann bist du wirklich der König aller Vögel dem Raben gefiel es dass der Fuchs ihn so lobte er machte seinen Schnabel weit auf um dem Fuchs etwas vorzusingen dabei fiel ihm der Käse auf den Boden den nahm der Fuchs schnell fraß ihn und lachte über den dummen Raben

Wortbildung – Adjektive mit *-ig* und *-lich*

Wie heißt das passende Adjektiv? Ergänzen Sie die Sätze. Achten Sie auf die richtige Form des Adjektivs.

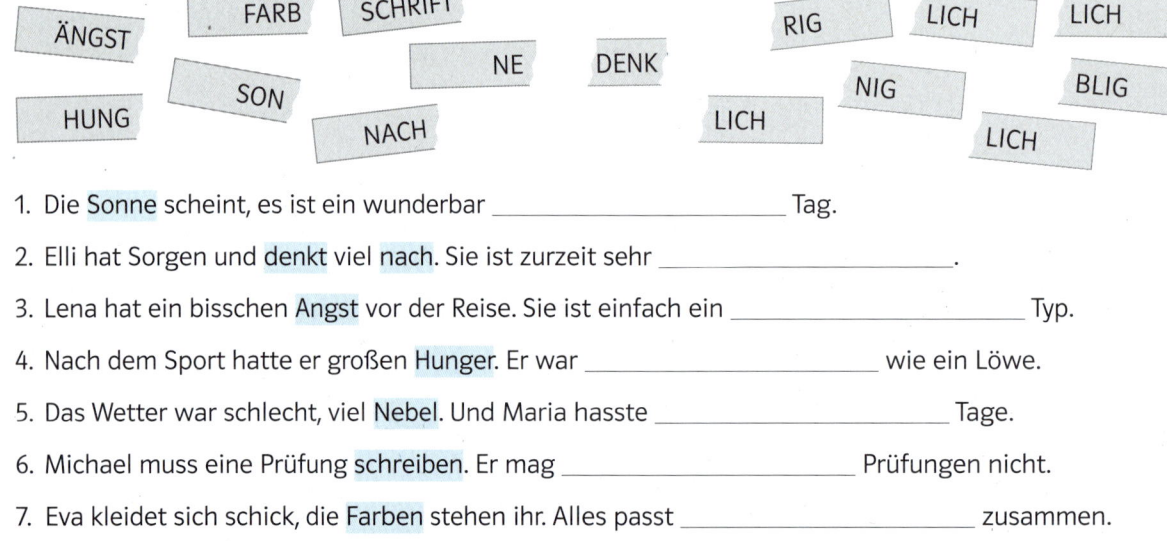

1. Die Sonne scheint, es ist ein wunderbar _____ Tag.

2. Elli hat Sorgen und denkt viel nach. Sie ist zurzeit sehr _____.

3. Lena hat ein bisschen Angst vor der Reise. Sie ist einfach ein _____ Typ.

4. Nach dem Sport hatte er großen Hunger. Er war _____ wie ein Löwe.

5. Das Wetter war schlecht, viel Nebel. Und Maria hasste _____ Tage.

6. Michael muss eine Prüfung schreiben. Er mag _____ Prüfungen nicht.

7. Eva kleidet sich schick, die Farben stehen ihr. Alles passt _____ zusammen.

Rund um Körper und Geist

1 a **Wie gesund leben Sie? Ergänzen Sie die Lücken.**

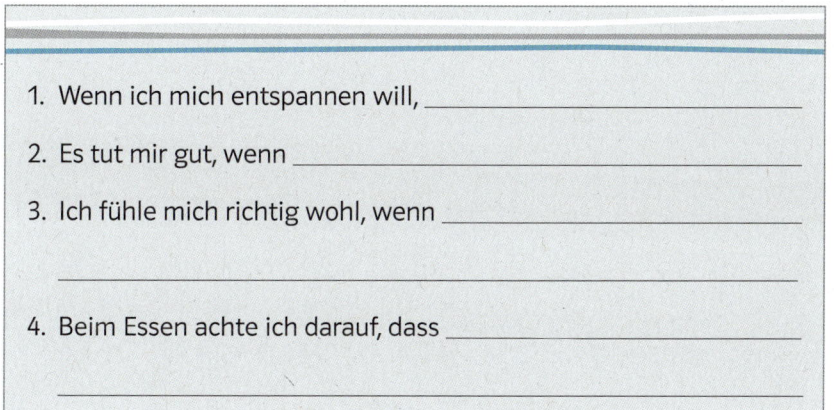

Anna Graf, Grimma

Denise Fritz, Ismaning

Also ich mache (1) n_ _ _ _ viel Sport, aber ich (2) w_ _ _, dass ich mich mehr

(3) be_ _ _ _ _ müsste. Mein einziger (4) Sp _ _ _ ist, dass ich mit (5) d_ _

Fahrrad zur Arbeit fahre, (6) j_ _ _ _ _ Tag acht Kilometer. Das ist nicht (7) v_ _ _,

aber jedenfalls besser als (8) n_ _ _ _ _. Und ich merke, dass (9) m_ _ das guttut.

Für (10) m_ _ _ Sport fehlt mir (11) ei_ _ _ _ _ die Zeit. Und nach (12) d_ _ Arbeit

bin ich immer sehr (13) m_ _ _ und schaffe es nicht, (14) n_ _ _ ins Fitness-Studio zu

(15) g_ _ _ _.

Ohne Sport würde ich (16) m_ _ _ _ _ Alltag mit Beruf und (17) F_ _ _ _ _ _ _

nicht schaffen: früh (18) auf_ _ _ _ _, den Kindern Frühstück machen, dann

(19) sch_ _ _ _ zur Arbeit, auf dem Rückweg (20) v_ _ der Firma

(21) ein_ _ _ _ _ _, kochen … Und dann auch noch (22) auf_ _ _ _ _ _, die

Wäsche und und und. Da (23) hi_ _ _ Sport, den brauche ich (24) dri_ _ _ _ _, um

den Stress abzubauen und (25) f_ _ für den Alltag zu (26) s_ _ _.

b **Was machen Sie für Ihre Fitness und damit Sie sich wohlfühlen? Setzen Sie die Sätze fort.**

1. Wenn ich mich entspannen will, _____

2. Es tut mir gut, wenn _____

3. Ich fühle mich richtig wohl, wenn _____

_____

4. Beim Essen achte ich darauf, dass _____

_____

2 a **Seien Sie vorsichtig! Welches Wort passt? Wählen Sie.**

A **Ergänzen Sie die Warnungen.**
   Die Wörter unten helfen.

B **Ergänzen Sie die Warnungen.**

1. Sie _____ nicht allein aufstehen!

2. Sie dürfen heute noch nichts essen. Das ist _____ für Sie!

3. Ich kann ihnen nur dringend _____: Machen Sie viel Gymnastik!

4. Es ist dringend _____, dass sie auf den Arzt hören!

5. Das geht jetzt einfach noch nicht. Ich muss Sie dringend _____.

nicht gut | notwendig | raten | sollten/dürfen | warnen

b Im Krankenhaus. Welche Reaktion ist höflicher? Kreuzen Sie an.

1. Guten Morgen! Wie geht's? Kann ich Ihnen beim Waschen helfen?

   a Nein, das will ich allein machen.
   b Nein danke, das ist nicht nötig, das schaffe ich.

2. Möchten Sie zum Frühstück noch etwas anderes? Joghurt, Müsli oder mehr Brot?

   a Nein danke, das Essen hier schmeckt nicht.
   b Das ist nett, aber ich habe wenig Appetit.

3. Ich muss dann wieder gehen. Kann ich dir noch was vom Kiosk holen?

   a Nein, das brauchst du nicht zu machen. Ich darf heute aufstehen.
   b Ich kann das schon allein.

4. Wie haben Sie denn geschlafen? Brauchen Sie heute ein Schlafmittel?

   a Nein danke, das nützt auch nichts.
   b Nein danke. Es versuche es ohne Tabletten.

3 Leitfaden für Patienten. Schreiben Sie die Sätze mit *brauchen + zu*.

1. Wenn Sie aufstehen wollen, *brauchen Sie nur einen Pfleger zu rufen* .
   nur einen Pfleger rufen

2. Wenn eine Operation notwendig ist, _____ .
   keine Angst haben

3. Wenn Sie sich anziehen wollen, _____ .
   es nicht allein machen

4. Wenn Sie ein paar Schritte gehen wollen, _____ .
   nicht im Zimmer bleiben

5. Wenn Sie sich bewegen wollen, _____ .
   nur zur Gymnastik gehen

4 Ergänzen Sie das Reflexivpronomen im richtigen Kasus.

1. ○ Mama, können wir jetzt fahren?

   ● Gleich. Aber sag mal, hast du _____ denn auch gewaschen?

2. ○ Wann kommst du denn? Ich warte schon lange!

   ● Einen Moment noch, ich muss _____ noch die Schuhe anziehen.

3. ○ Komm schon, der Bus fährt gleich!

   ● Moment! Ich muss _____ noch die Hände waschen.

4. ○ Wann bist du denn endlich fertig? Wir müssen los!

   ● Ich komme gleich. Ich muss _____ nur noch kämmen.

5. ○ Was ist denn los? Du hast da ein Pflaster.

   ● Ach, nichts Schlimmes. Ich habe _____ beim Rasieren geschnitten.

6. ○ Soll ich heute Fisch oder Fleisch essen?

   ● Jetzt entscheide _____ endlich! Die Kellnerin wartet schon ewig.

7. ○ Was machst du denn heute Nachmittag?

   ● Nicht viel. Ich möchte _____ einfach ausruhen.

5 **Krank sein – gesund werden. Was muss man machen? Ergänzen Sie die Anweisungen.**

auflösen | einnehmen | Flüssigkeit | Mittel | Schmerzen | schwindlig | Überweisung | untersuchen | verschreiben | Versichertenkarte | Wunde

Bleiben Sie im Bett. Ich gebe Ihnen ein (1) _____ gegen das hohe Fieber.

Stehen Sie nur langsam auf, damit Ihnen nicht (2) _____ wird. Sie brauchen jetzt besonders viel (3) _____, am besten Kräutertee.

Wir müssen zuerst Ihre (4) _____ versorgen, damit sie nicht mehr blutet. Und ich werde Ihnen auch ein Medikament (5) _____. Das nehmen Sie dann, wenn Sie große (6) _____ haben.

Am besten ist, wenn Sie die Tabletten in etwas Flüssigkeit (7) _____. Und dann vor dem Essen mit einem Glas Wasser (8) _____.

Sie müssen in die Praxis kommen, damit der Doktor Sie gründlich (9) _____ kann. Bringen Sie auch eine (10) _____ Ihres Hausarztes mit. Und vergessen Sie nicht Ihre (11) _____, die brauchen wir auch.

6 **Was kann Musik mit uns machen? Markieren Sie die Verben in der Wortschlange. Ergänzen Sie dann das passende Verb in der richtigen Form.**

MUSILALALEIBEEINFLUSSENTIRILIETTBERÜHRENSUMMDIDELREAGIERENPLING PLONGSCHADENWUMMBUMMVERARBEITENJODELDIDEIVERURSACHENZIRPZIR

1. Wenn Menschen Musik hören, dann _____ der Körper auf Tonart und Rhythmus.

2. Das Gehirn _____ die Informationen von Musik in verschiedenen Bereichen.

3. Die Musik in Filmen _____ das Publikum, genauso oder mehr als die Bilder.

4. Die Tonart und der Rhythmus von Musik _____ die Stimmung und die Gefühle.

5. Musik in Moll wirkt beruhigend, aber sie kann auch traurige Gefühle _____.

6. Zu laute Musik über eine längere Zeit _____ der Gesundheit.

7 **Musik hören und machen. Setzen Sie die Sätze fort. Verwenden Sie *aber*, *als auch*, *andererseits*, *noch*, *oder* und *sondern*.**

1. Musik hören löst nicht nur Gefühle aus, _____

man / sich entspannen / auch

2. Musik hören kann einerseits viel Spaß machen, _____

andere / stören / sie / können

3. Manche machen sowohl allein gern Musik, _____

mit anderen Musikern

4. Proben für ein Konzert verursachen zwar Stress, _____

Aufführungen / auch / Spaß machen

5. Musik verursacht entweder eine ruhige, entspannte Stimmung _____

sie / nervös und aggressiv / machen

6. Manche lieben Musik, obwohl sie weder ein Instrument spielen _____

mit anderen / singen

8 **Ich und meine Musik. Ordnen Sie zu.**

1. Musik ist für mich besonders wichtig, ____

2. Ich habe zwar eine Lieblingsband, nämlich Coldplay, ____

3. Am besten kann ich mich an mein erstes Konzert erinnern, ____

4. Ich habe gelernt, Trompete zu spielen, ____

5. Am liebsten würde ich Zoe Wees treffen, ____

A aber ich höre immer auch Musik von neuen Bands und Sängern.

B aber irgendwann hatte ich keine Lust mehr weiterzumachen.

C denn sie hat eine wunderbare Stimme und macht richtig gute Texte. Ich finde sie cool.

D wenn ich mit Freunden zusammen feiere.

E das war Justin Bieber. Mit einer Freundin bin ich nach München gefahren.

9 **Wie ist die Satzmelodie: steigend ↑, sinkend ↓ oder gleichbleibend →? Zeichnen Sie die Pfeile.**

○ Ich habe gar nicht gewusst, ____ dass du im Konzert von Cold Play warst. ____ War's gut? ____

● Gut? ____ Es war mega cool, ____ einfach ein Wahnsinn. ____ Und Chris Martin sowieso. ____

○ Und das Ticket? ____ Wie hast du ein Ticket bekommen? ____ War es nicht total teuer? ____

● Billig war's nicht. ____ Aber ich habe nichts bezahlen müssen, ____ es war ein Geschenk. ____

10 **Das Gedächtnis trainieren. Ordnen Sie die Verben zu.**

ansehen | bewegen | durchgehen | erzählen | sitzen | verwenden

1. die Notizen in Ruhe _____

2. neue Informationen sofort _____

3. passende Bilder/Zeichnungen _____

4. mich beim Lernen _____

5. anderen über das Neue _____

6. am Lieblingsplatz _____

11 **Aussagen zum Thema „Lernen". Welche Wörter fehlen? Ergänzen Sie.**

Druck | effektiv | erinnern | merken | Methode | motiviert | Techniken

Es gibt keine bestimmte (1) _____, mit der alle Leute gleich gut lernen können. Wenn

Leute wirklich (2) _____ sind, dann lernen sie schnell und (3) _____.

Es gibt auch verschiedene (4) _____, wie man sich Dinge gut merken kann. Wenn man

sich etwas dauerhaft (5) _____ muss, sollte man es öfter wiederholen.

In einer Prüfung kann man sich oft nicht an den gelernten Stoff

(6) _____, weil man Dinge leicht vergisst, die man unter großem

(7) _____ schnell gelernt hat.

12 Was wäre für Sie ein guter Kontext, um sich diese Wörter zu merken? Notieren Sie.

Beispiel: die Bedienungsanleitung *brauche ich für die Waschmaschine*

die Drogerie _____

die Entlassung _____

ungewöhnlich _____

die Rücksicht _____

13 Die Welt mal anders erleben. Was gehört zusammen? Ordnen Sie zu.

1. Das Museum ist nicht nur für Kinder, ____
2. Man kann hier nicht nur verschiedene visuelle Tricks erleben, ____
3. Man genießt die Schönheit der Natur, ____
4. Alle Wege sind familienfreundlich und barrierearm, ____
5. Man kann nicht nur Spannendes über das bekannte Orchester erfahren, ____

A man kann dieses sogar virtuell dirigieren.

B außerdem hat man einen traumhaften Blick in die Ferne.

C sondern kann auch selbst kreativ sein und Experimente machen.

D sodass man mit dem Kinderwagen oder Rollstuhl auch gut ans Ziel kommt.

E sondern für Menschen aller Altersgruppen.

Wortbildung – Verben mit *mit-*, *vorbei-*, *weg-*, *weiter-*, *zusammen-* und *zurück-*

a Streichen Sie den falschen Verbteil. Korrigieren Sie.

1. Ach das ist ja schön, dass wir hier zufällig ~~weiter~~treffen.   *zusammen-* _____
2. So blöd! Ich komme von der Arbeit und muss zu Hause gleich wegarbeiten. _____
3. Schade, aber es geht nicht. Ich würde gern mit euch ins Kino zurückkommen. _____
4. Ich würde gerne ein paar Tage vorbeifahren. Aber ich habe zu wenig Geld. _____
5. Ich habe große Schmerzen im Rücken. Ich hoffe, dass es bald mitgeht. _____
6. Gut, dass du wieder zusammengekommen bist. Allein war es langweilig. _____

b Ergänzen Sie im Satz das passende Verb + *mit-*, *vorbei-*, *weg-*, *weiter-*, *zusammen-* oder *zurück-*.

geben | kommen | laufen | leben | machen | spielen

1. Hast du noch meinen USB-Stick? Kannst du mir den bitte _____?
2. Komm schon, wir müssen _____, sonst werden wir nicht fertig.
3. Du musst die Tür schließen, damit die Katze nicht _____ kann.
4. Wieder Sport! Ich habe ein Team gefunden, in dem ich _____ kann.
5. Edita und Ronny möchten nicht heiraten, aber sie wollen _____.
6. Ich muss noch einkaufen, meine Freunde wollen heute Abend _____.

Kunststücke

1 Gebäude und Kunstdenkmäler in einer Stadt. Was gibt es da? Schreiben Sie die Wörter mit Artikel.

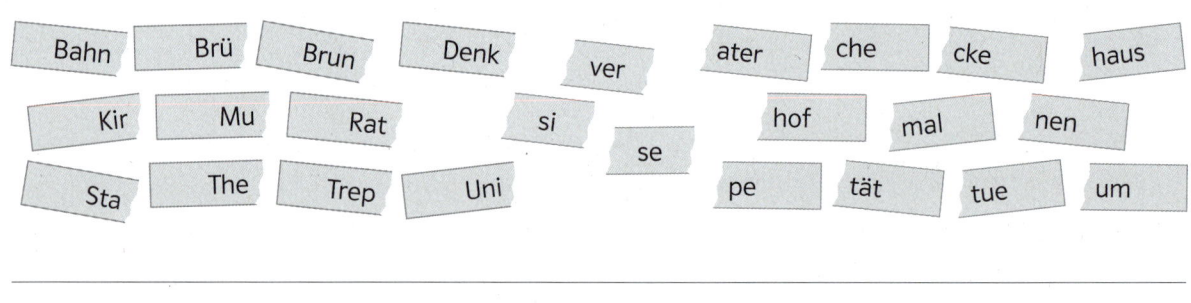

_____

_____

_____

2 Thema Kunst. Lösen Sie das Rätsel. Wie heißt das Lösungswort?

1. Diese Kunst findet man oft auf Betonwänden oder Brücken: …

2. Auf öffentlichen Plätzen findet man oft Denkmäler und …

3. Auf abstrakten Bildern sieht man keine Personen oder …

4. In Städten gibt es sowohl alte Gebäude als auch moderne …

5. Gebäude von Zaha Hadid haben oft schräge Linien und runde …

6. Pablo Picasso produzierte ca. 50.000 …, vor allem Gemälde und Zeichnungen.

7. Manche Künstler malen keine Bilder, sondern machen aus verschiedenen Gegenständen eine …

8. Manchen Leuten gefällt es, wenn alte und neue Gebäude nebeneinander stehen, sie lieben den …

9. Viele … wollen, dass ihre Arbeiten nicht nur schön sind, sondern auch ein Anlass zum Nachdenken

Moderne Künstler beschäftigen sich meistens mit dieser Zeit: die __ __ __ __ __ __ __ __ __ __

3 Kunstwerke. Welche Beschreibung passt zu den Begriffen? Ordnen Sie zu.

1. ein Missgeschick ____

2. eine Auktion ____

3. ein originales Kunstwerk ____

4. die Ausstellung ____

5. eine Installation zerstören ____

6. etwas kommt gut an ____

A das gibt es nur einmal, ein Künstler / eine Künstlerin hat es geschaffen

B das Kunstwerk beschädigen oder völlig kaputt machen

C ein Gegenstand, z. B. ein Bild, gefällt den Leuten

D eine Veranstaltung, bei der die Person z. B. ein Bild kaufen kann, die am meisten dafür bezahlt

E in einem Museum / einer Galerie zeigt man Bilder von einem Künstler / einer Künstlerin oder zu einem Thema

F etwas Dummes oder Peinliches ist ohne Absicht passiert

4 a Wohin gehört *nicht*? Ergänzen Sie *nicht* in den Sätzen.

1. Wir waren ⓐ *nicht* _____ heute ⓑ ⟍_____ im Museum, sondern schon gestern.

2. Wir gehen ⓐ _____ heute ⓑ _____ ins Theater, wir treffen Freunde.

3. Mario geht ⓐ _____ am Wochenende ⓑ _____ in die Ausstellung, weil er

   keine Lust hat.

4. Lea geht ⓐ _____ am Wochenende ⓑ _____ in die Ausstellung, sondern lieber

   unter der Woche. Dann gibt es dort weniger Besucher.

5. Ilona macht ⓐ _____ am Wochenende ⓑ _____ mit ihren Freunden

   ⓒ _____ einen Zeichenkurs, sondern sie macht ihn allein.

6. Jens macht ⓐ _____ am Wochenende ⓑ _____ mit seinen Freunden

   ⓒ _____ den Zeichenkurs für Fortgeschrittene. Sie möchten lieber zusammen einen

   Workshop für Malerei besuchen.

b Nein, das nicht! Verneinen Sie die Sätze mit *nicht*. Schreiben Sie.

1. *Bei der Auktion konnte* _____

   bei der Auktion / der Besitzer / sein Bild / verkaufen / können

2. *Sein Bild* _____

   für die Besucher / sein Bild / interessant / der Auktion / sein

3. *Serena hat* _____

   leider / die Ausstellung in Wien / Serena / sehen

4. Ich wollte die Ausstellung in Wien sehen, _____

   aber / schnell genug / sein / leider / ich

5. *Viele* _____

   viele Leute / für moderne Kunst / sich / interessieren

5 Begeisterte und skeptische Reaktionen. Welche Person sagt das? Ordnen Sie zu. Was verstärkt oder relativiert die Aussage? Markieren Sie.

1. Dieser Ring hat wirklich eine ganz tolle Form!

2. Diese Kette ist doch ziemlich einfach.

3. Diese Uhr spricht mich nicht so an.

4. Der Ring hat einen richtig tollen Stein.

5. Ich finde diese Ohrringe nicht so besonders.

6. Kette und Anhänger passen total gut zusammen.

7. Also, diese Ohrringe sind nicht gerade das, was ich suche.

8. Kette, Ring und Ohrringe, das ist alles einfach nur schön.

9. Dieser Schmuck da ist ja nicht besonders gelungen.

10. Das ist doch ein schönes Stück, diese Kette.

Person A: _____   Person B: _____

6 Kunstwerke. Worauf treffen diese Aussagen zu? Ergänzen Sie.

_____ begeistert/begeistern mich total.

_____ finde ich besonders schrecklich.

_____ ist/sind eher langweilig.

_____ gefällt/gefallen mir relativ gut.

→•← **7** Theater machen. Welches Wort passt? Wählen Sie.

A Ergänzen Sie die fehlenden Wörter in der richtigen Form. Die Wörter unten helfen.

B Ergänzen Sie die fehlenden Wörter in der richtigen Form.

Die Theatergruppe „Oktopus" bringt ein neues (1) _____ mit dem Titel

„Schöne Zeiten" auf die Bühne. Es sind acht (2) _____ geplant, die erste ist am

kommenden Freitag. Margarethe Danko führt bei diesem Stück wieder (3) _____

und spielt auch selbst. „Lassen Sie sich überraschen! Die Zusammenarbeit mit den

Schauspielerinnen und (4) _____ war sehr kreativ."

Frau Danko ist froh, dass sie ein gutes Team um sich hat: Zwei erfahrene

(5) _____ sorgen für das passende Licht, eine Friseurin macht die Haare und

(6) _____ die Schauspieler, eine Mode-Designerin macht die (7) _____.

„Für den Erfolg sind auch die Leute im (8) _____ sehr wichtig, nicht nur

die Personen, die im Stück auf der (9) _____ stehen. Nur wenn alle gut

zusammenarbeiten, können wir das (10) _____ begeistern."

Frau Danko freut sich, dass es bald losgeht. „Die Nervosität ist erst vorbei, wenn es im Saal

dunkel wird, wenn ich (11) _____ kann. Das ist der schönste Moment!"

Stück / Theaterstück | Techniker

Aufführung | auftreten / spielen | Bühne | Hintergrund | Kostüm | Publikum | Schauspieler | Regie | schminken |

8 a Anzeigen. Welches Adjektiv ist richtig? Kreuzen Sie an.

1. Für neue Produktion suchen wir ☐ junge ☐ jungen Schauspieler mit ☐ guter ☐ guten Stimme für ☐ größere ☐ größeren Rolle.

2. Wir sind ein nettes Team mit ☐ großen ☐ großem Spaß am Theaterspielen und suchen ☐ erfahrenen ☐ erfahrenem Techniker für ☐ tolles ☐ tollen Projekt.

3. Entdecken Sie Ihr Talent zum Malen! ☐ Erfahrene ☐ Erfahrener Kunsterzieher bietet Kurse für ☐ kleine ☐ kleinen Gruppen in seinem Atelier in ☐ alten ☐ altem Bauernhaus. Auch Unterkunft möglich.

4. Schmuck ist nicht gleich Schmuck! ☐ Erfolgreiche ☐ Erfolgreicher Schmuckdesignerin hilft Ihnen, ☐ kreative ☐ kreativen Ideen zu realisieren.

b   Anzeigen schreiben. Ergänzen Sie die Adjektive in der richtigen Form.

(1) Jung_____ Band braucht dringend

(2) neu_____ Proberaum, am besten

in (3) alt_____ Gebäude am Stadtrand.

Spielgruppe sucht (4) gebraucht_____ Kinderbücher

für Kinder von 3 bis 6 Jahren und (5) engagiert_____

Rentnerinnen und Rentner, die mit (6) groß_____

Spaß den Kindern (7) spannend_____ Geschichten

vorlesen oder erzählen.

Für (8) kreativ_____ Personen, die selbst

Schmuck machen möchten:

(9) Dreitägig_____ Workshop hat noch

(10) frei_____ Plätze.

Jetzt anmelden!

Singen in (11) klein_____ Chor mit

(12) erfahren_____ Chorleiterin –

ist das was für Sie? Proben ab sofort für

(13) klassisch_____ Konzert am 20. Dezember.

(14) Interessiert_____ Sängerinnen und Sänger

sind herzlich willkommen.

---

9   Achten Sie auf die Vokale am Wortanfang. Was spricht man verbunden ⌒, was getrennt | ?

1. Das | interessante ⌒ Programm des Bildungszentrums Hausen ist erschienen.

2. Die Theatergruppe *lautstark* erarbeitet ein interessantes Stück des Autors Augusto Boal.

3. In einem Workshop können Sie lernen, Ihre Ideen für Upcycling-Projekte umzusetzen.

4. Es gibt auch Kurse, in denen man andere Techniken des Malens ausprobieren kann.

10   Impro-Theater – Was ist das? Ergänzen Sie.

Impro-Theater heißt so, (1) w_ _ _ da die Schauspielerinnen und

(2) Sch_ _ _ _ _ _ _ _ _ improvisieren. Sie haben keinen

(3) T_ _ _ gelernt, sie haben auch (4) k_ _ _ _ fixe Rolle. Sie warten,

(5) w_ _ _ _ _ Themen sie vom Publikum (6) be_ _ _ _ _ _ _.

„Beim Spielen muss man (7) g_ _ _ _ aufpassen, was die anderen

(8) au_ der Bühne machen. Man (9) r_ _ _ _ _ _ _ auf das, was

sie (10) s_ _ _ _ und spielen. So werden (11) d_ _ Geschichten

weiterentwickelt. Das (12) g_ _ _ immer hin und her", sagt Andreas Wolf,

(13) d_ _ das Impro-Theater München mit anderen (14) v_ _ 30 Jahren

gegründet hat. Improvisieren (15) k_ _ _ man auch lernen, deshalb

(16) g_ _ _ es auch die Impro-Schule.

11 Einen Krimi improvisieren. Beginnen Sie mit den unterstrichenen Wörtern. Schreiben Sie.

1. *In einem Kaufhaus starb*

   eine Verkäuferin / in einem Kaufhaus / sterben / wegen einer Biene

2. _____

   Philipp, ein Junge, / in der Hand / einen Topf / halten

3. _____

   der Detektiv / glauben // dass / er / stehlen wollen / den Topf

4. _____

   sofort / Philipp / gehen / mit dem Detektiv / ins Büro / müssen

12 Was machen die Personen?

kennenlernen | machen | spielen | treffen   finden | gründen | singen | zuhören

1. sich regelmäßig im Hof _____   5. in einem Chor Volkslieder _____

2. zusammen mit anderen Musik _____   6. eine Musikgruppe _____

3. ein Instrument oder mehrere _____   7. alte Lieder zuerst peinlich _____

4. sich mit der Zeit besser _____   8. anderen beim Musikmachen _____

13 Welches Wort passt nicht zu dieser Wortfamilie? Streichen Sie.

1. die Freiheit – freiwillig – die Freizeit – ~~der Freitag~~ – frei

2. denken – das Gedächtnis – das Dach – der Gedanke – nachdenken

3. das Rätsel – das Gerät – erraten – raten

4. der Flug – fliegen – das Flugzeug – abfliegen – der Fluss

5. die Nacht – übernachten – der Nachteil – Mitternacht – nächtlich

6. wissen – die Wiese – bewusst – das Wissen – die Wissenschaft

Wortbildung – Zusammengesetzte Adjektive

a Welche Adjektive oder Nomen stecken in den zusammengesetzten Adjektiven? Notieren Sie.

1. Der Mann trug einen dunkelblauen Anzug.   *dunkel +*

2. Er hatte kurze, hellbraune Haare.   _____

3. Sein Blick war eiskalt.   _____

4. Im Auto wartete ein grauweißer Hund auf ihn.   _____

5. Blitzschnell fuhr der Mann davon.   _____

b Setzen Sie die Wörter zu einem Adjektiv zusammen. Achten Sie auf die Endungen.

Die Polizei sucht eine Frau mit (1) _____ (hell + rot) Haaren.

Sie ist (2) _____ (mittel + groß) und ca. 35 Jahre alt. Zuletzt trug

sie ein (3) _____ (grau + blau) Kleid und eine

(4) _____ (halb + lang) Jacke.

Miteinander

1 Werte in einer Gesellschaft. Welche 14 Wörter finden Sie im Wortgitter? Markieren Sie.

E	B	I	L	D	U	N	G	O	F	R	E	P	I	N	D	A	G	E	M
V	O	M	E	A	N	U	G	E	R	E	C	H	T	I	G	K	E	I	T
O	R	K	A	F	A	I	R	N	E	S	S	I	O	R	A	U	S	B	R
G	A	N	B	O	L	L	E	K	I	P	T	E	L	G	C	V	U	K	E
E	I	K	U	M	B	E	W	O	H	E	I	R	E	C	H	T	N	I	L
D	E	M	O	K	R	A	T	I	E	K	A	T	R	U	W	O	D	E	I
U	S	I	C	H	E	R	H	E	I	T	L	U	A	M	S	C	H	A	G
E	R	Ü	C	K	S	I	C	H	T	O	M	E	N	T	A	H	E	R	I
Z	I	V	I	L	C	O	U	R	A	G	E	N	Z	E	S	E	I	P	O
C	H	I	L	F	S	B	E	R	E	I	T	S	C	H	A	F	T	O	N

2 a Welche Werte finden Menschen wichtig? Ergänzen Sie die Lücken.

Welche Werte sind (1) w_ _ _ _ _ _ für mich? Tja, keine (2) lei_ _ _ Frage. Oder

doch. (3) A_ _ _ , meine Eltern sind in (4) d_ _ DDR groß geworden, (5) i_ den 1980-er Jahren.

Von ihnen (6) h_ _ _ ich gelernt, dass (7) Fr_ _ _ _ _ _ das Wichtigste in der

(8) Ge_ _ _ _ _ _ _ _ _ ist, Freiheit und (9) De_ _ _ _ _ _ _ _ . Man muss doch

sagen (10) k_ _ _ _ _ , was man sich (11) d_ _ _ . Im Staat müssen die

(12) Bü_ _ _ _ mitbestimmen können. Und das (13) g_ _ _ nur mit freien und fairen

(14) Wa_ _ _ . So können die Menschen die (15) Po_ _ _ _ ihres Landes bestimmen.

(16) Au_ _ _ _ _ _ will ich das (17) R_ _ _ haben, so zu (18) l_ _ _ _ , wie ich will. Es

(19) m_ _ _ auch Dinge geben, (20) d_ _ privat sind, zum (21) B_ _ _ _ _ _ _ die

Religion. Die geht niemand etwas an.

b Was mir wichtig ist! Wählen Sie.

A Ergänzen Sie die passenden Wörter. Die Wörter unten helfen.

B Ergänzen Sie die passenden Wörter.

Na ja, ich denke, in jeder (1) _____ ist Hilfsbereitschaft sehr wichtig. Viele Leute

(2) _____ sich nur um sich selbst. Sie merken gar nicht, dass andere vielleicht

(3) _____ brauchen. Oder sie wollen nicht helfen. Das ist doch nicht in

(4) _____ . Wenn ich einen Unfall habe oder in einer gefährlichen

(5) _____ bin, dann hoffe ich, dass mir jemand hilft. Neben Hilfsbereitschaft hat für

mich Zivilcourage den größten (6) _____ . Ich bewundere Leute, denen nicht alles

(7) _____ ist und die dann auch etwas tun.

egal | Gesellschaft | Hilfe | kümmern | Ordnung | Situation | Wert

3 a Gespräch über eine Patenschaft. Ordnen Sie zu.

1. Hab' ich dir eigentlich schon erzählt, dass ich ein Patenkind habe? _____

2. Also, ganz in der Nähe von uns wohnt doch diese spanische Familie mit ihrem Sohn Oscar. _____

3. Ja, die Schule, das ist der Punkt. Oscar hat da Probleme und die Eltern können ihm nicht helfen. _____

4. Die Sprache ist ein Problem, ja. Außerdem arbeiten beide den ganzen Tag. Also helfe ich ihm. _____

5. Oscar braucht nur jemanden, der ihm bei den Aufgaben hilft. Er lernt sehr schnell, wenn er weiß, was er machen muss. _____

6. Ne, so ist das nicht. Ich lerne zweimal pro Woche mit ihm, aber wir unternehmen manchmal auch was. _____

7. Genau! Und im Tennisverein hat er jetzt schon zwei Freunde gefunden. _____

A Ach ja, stimmt. Da sind Spanier eingezogen. Ich sehe den Sohn ab und zu, wenn er von der Schule kommt.

B Da gehst du also jeden Nachmittag zu ihm und machst Hausaufgaben mit ihm? Ist das nicht langweilig?

C Das klingt ja wirklich nach einer super Sache, diese Patenschaft.

D Ich kann mir schon denken, was du mit ihm unternimmst: Du gehst mit ihm Tennis spielen. Stimmt's?

E Aber du bist doch gar kein Lehrer. Ist das kein Problem?

F Nein, davon hast du nichts gesagt. Wie ist das denn gekommen?

G Verstehen Sie kein Deutsch? Oder wo liegt das Problem?

b Welches Wort passt? Ergänzen Sie in der richtigen Form.

bedürftig | ehrenamtlich | engagieren | leiten | Mitglieder | organisieren | spenden | Verein

In meinem Dorf gibt es nicht nur die Feuerwehr, es gibt auch viele

andere (1) _____, zum Beispiel den Musikverein

mit fast 50 (2) _____. Die machen bei Festen

und an Feiertagen Musik. Es kostet viel Zeit, sich für den

Musikverein zu (3) _____. Einmal im Jahr

(4) _____ der Musikverein auch ein großes Fest.

Der Verein (5) _____ danach die Einnahmen für

(6) _____ Leute aus dem Dorf. Die Leute, die den

Verein (7) _____, machen ihre Arbeit

(8) _____, das heißt, sie bekommen kein Geld dafür.

4 Das Wochenprogramm. Schreiben Sie die Sätze im Passiv.

Mo	den Proberaum reinigen
Di	neue Stücke proben
Mi	eine Feier organisieren
Do	Getränke kaufen
Fr	ein Konzert geben
Sa	das Fest feiern

Am Montag _wird_ _____.

Am Dienstag _werden_ _____.

Am Mittwoch _____.

Am Donnerstag _____.

Am Freitag _____.

Am Samstag _____.

5 a Die Verwendung von *werden*. Welche Sätze sind im Passiv? Kreuzen Sie an.

1. ☐a Benjamin ist gestern mit seiner Ausbildung fertig geworden.
   ☐b Deshalb wird heute eine große Party gefeiert.

2. ☐a Gestern Nacht um 2 Uhr 46 wurde die freiwillige Feuerwehr alarmiert.
   ☐b Ich denke, die Feuerwehrleute werden nach diesem Einsatz ziemlich müde sein.

3. ☐a Wann werden heute die Lebensmittel von der „Tafel" abgeholt?
   ☐b Ich weiß es nicht, ich werde gleich bei der „Tafel" anrufen.

4. ☐a Heute Abend werden wir die Kantine aufräumen.
   ☐b Das ist nicht mehr nötig, das ist schon gestern gemacht worden.

5. ☐a Miriam lernte Trompete spielen und wurde dann Mitglied im Musikverein.
   ☐b Sie wurde schon vor ein paar Jahren in den Verein aufgenommen.

6. ☐a O je, ein Unfall! Ist der Notarzt schon gerufen worden?
   ☐b Ja! Ich hoffe, dass er gleich kommen wird.

→•← **b** Was ist passiert? Wählen Sie.

A Ergänzen Sie die Verben im Präteritum. Die Wörter unten helfen.

B Ergänzen Sie die Verben im Präteritum.

Das Haus in der Maistraße 15 (1) _____ im Frühjahr (2) _____.

Die Wände (3) _____ frisch (4) _____ und der kaputte

Aufzug (5) _____. Vor dem Haus (6) _____ viele Blumen

(7) _____.

Gestern (8) _____ unsere neue Küche (9) _____ und bis

zum Nachmittag von den Handwerkern (10) _____. Beim Reintragen

(11) _____ leider die Küchentür (12) _____.

aufbauen | beschädigen | liefern | pflanzen | reparieren | renovieren | streichen

6 Die Organisation „Ärzte ohne Grenzen". Schreiben Sie die Sätze im Passiv. Verwenden Sie die Vergangenheitsform, wenn nötig.

1. Das Netzwerk „Ärzte ohne Grenzen" *wurde 1971* _____.
   1971 / gründen / in Frankreich

2. Wenn es große Krisen gibt, _____.
   Hilfe / für Menschen in Not / anbieten

3. Die Kosten _____.
   zu 96 Prozent / aus Spenden / finanzieren

4. Aus Deutschland _____.
   im Jahr / ca. 300 Mitarbeiter/innen / zu Projekten / schicken

5. In mehr als 70 Ländern _____.
   Hilfsprojekte / durchführen

6. Die Organisation _____.
   1999 / mit dem Nobelpreis / belohnen

7 Wie eine Stadt funktioniert. Ergänzen Sie die Wörter. Wie heißt das Lösungswort?

1. Die Stadt hat viele Ausgaben, und deshalb bezahlen die Bürgerinnen und Bürger …   _ _ _ _ _ _ _

2. Es gibt immer wieder Leute, die auf der Straße ihren Abfall einfach …   _ _ _ _ _ _

3. Deshalb gibt es Angestellte, die immer wieder die Straßen …   _ _ _ _ _ _ _

4. Eine wichtige Institution für die Sicherheit in der Stadt ist die …   _ _ _ _ _ _ _

5. Einmal pro Woche wird auch der Müll der Haushalte …   _ _ _ _ _ _ _

6. Die Verwaltung sorgt auch dafür, dass die öffentlichen Verkehrsmittel zuverlässig …   _ _ _ _ _ _ _ _ _ _ _ _

7. Am Monatsende bekommen die Mitarbeiter und Mitarbeiterinnen der Stadt ihre …   _ _ _ _ _ _ _

8. Die Bürgerinnen und Bürger einer Stadt wählen ihre politische …   _ _ _ _ _ _ _ _ _ _

Im Projekt Mini-München _ _ _ _ _ _ _ _ die Kinder ihre Stadt selbst.

8 Regeln für das Zusammenleben. Was *kann, darf, muss (nicht)* gemacht werden? Ergänzen Sie.

abstellen | durchführen | grillen | putzen | ~~schließen~~ | werfen

1. Nach 20:00 Uhr *muss* die Haustür *geschlossen werden* .

2. Ab dann _____ keine lauten Arbeiten mehr _____ .

3. Der Müll _____ getrennt in die Tonnen _____ .

4. Einmal pro Woche _____ die Treppe _____ .

5. Auf dem Balkon _____ nicht _____ .

6. Kinderwagen dürfen nicht im Gang stehen. Sie _____ unter der Treppe _____ .

Hausordnung

Für ein gutes Zusammenleben im Haus ist es wichtig, dass alle ein paar Regeln beachten.

1. Der Eingang

9 Kontraste betonen. Welche Wörter bekommen einen Kontrastakzent? Markieren Sie in den Sätzen und lesen Sie dann laut.

1. Wann können wir uns treffen, am Samstag oder am Sonntag?

2. Was hast du vor? Spielst du morgen Tennis oder machst du eine Radtour?

3. Wie ist das bei Ihnen? Arbeiten Sie lieber zu Hause oder im Büro?

4. Machst du die Arbeit im Musikverein ehrenamtlich oder wirst du bezahlt?

5. Wie möchtest du dich lieber engagieren, bei der Feuerwehr oder als Pate?

10 **Was ist innerhalb der EU anders geworden? Ergänzen sie die Verben im Passiv.**

1. An den Grenzen muss kein Dokument mehr _____ (zeigen).

2. In den Euro-Ländern muss kein Geld mehr _____ (wechseln).

3. Innerhalb der EU können überall Waren ohne Zoll _____ (kaufen).

4. In allen Ländern der EU muss das Recht der EU _____ (beachten).

5. Wenn man als Bürger der EU studieren will, kann das Studium auch in anderen EU-Ländern

   _____ (absolvieren).

11 **Die Präsentation von Sara. Ergänzen Sie die Wörter in der richtigen Form.**

bedanken | Beispiel | Erfahrung | erklären | Folie | Publikum | Reihe | Struktur | Thema

Zuerst einmal begrüßte Sara ihr (1) _____. Dann stellte sie das (2) _____

ihrer Präsentation vor. Dazu verwendete sie auf der ersten (3) _____ ein schönes,

passendes Foto. Dann (4) _____ sie ganz knapp, warum sie dieses Thema gewählt hatte.

Anschließend zeigte sie auf einer Folie den Inhalt und die (5) _____ ihres Vortrags. Sara

präsentierte die Punkte der (6) _____ nach und nannte dazu passende

(7) _____. Sie sprach auch über ihre eigenen (8) _____. Das machte

ihren Vortrag konkret und persönlich. Am Ende fasste Sara kurz das wichtigste zusammen. Allerdings

vergaß sie, sich beim Publikum zu (9) _____.

12 **Und Sie? Was haben Sie bei Präsentationen erlebt? Ergänzen Sie.**

Meine beste Präsentation habe ich zum Thema _____

gemacht, weil _____

Einmal ist mir etwas Dummes passiert, _____

_____.

Ich finde es bei Präsentationen besonders wichtig, dass _____

_____.

Wortbildung – Adjektive + *-bar* und *-los*.

-bar - oder -los? Streichen Sie das Adjektiv, das nicht passt.

1. Wie soll ich wählen? Ich finde keinen Kandidaten und keine Partei wirklich wählbar / wahllos.

2. Ich ärgere mich, wenn jemand seinen Müll einfach denkbar / gedankenlos in die Natur wirft.

3. Seit Wochen wird gestreikt und demonstriert. Ist unser Land überhaupt noch regierbar / regierungslos?

4. Eric lernt Gebärdensprache, damit er mit hörbaren / gehörlosen Kindern sprechen kann.

5. Freiheit ist für mich das Wichtigste. Sie etwas ganz Besonderes, aber viele wissen gar nicht, wie

   kostbar / kostenlos sie ist.

Stadt, Land, Fluss

1   Meine Stadt. Welche Wörter fehlen? Ergänzen Sie.

Angebot | Atmosphäre | Bürogebäude | Fußgängerzone | Geschäfte | Nachbarn | renoviert | Schaufenstern | Unternehmen

Ich bin Leipzigerin, und das bin ich gern. Ich bin Angestellte in einem

mittleren (1) _____. Ich wohne im Stadtteil

Schönefeld, und ich mag die (2) _____ in diesem

Viertel. Viele alte Häuser sind schön (3) _____ und es

ist ziemlich ruhig. Aber das Wichtigste sind meine netten und hilfsbereiten

(4) _____. Mit der Straßenbahn erreiche ich schnell

meinen Arbeitsplatz in einem neuen (5) _____. Hier in

Schönefeld gibt es alle (6) _____, die ich für brauche,

aber natürlich ist das (7) _____ nicht so groß wie in

der Innenstadt. Da fahre ich auch gern mal hin, spaziere durch die

(8) _____ und sehe mir das Neueste in den

(9) _____ an.

2   In Leipzig leben. Ergänzen Sie.

Ob die Leute Leipzig gut oder schlecht finden, ist mir (1) e_ _ _. Ich fühle mich hier (2) w_ _ _. Ich

lebe ohne Auto, (3) a_ _ _ ich fahre wahnsinnig gern (4) M_ _ _ _ _ _ _. Am Wochenende bin

ich (5) o_ _ in der Umgebung unterwegs. Ich (6) l_ _ _ _ die Geschwindigkeit, das hohe

(7) T_ _ _ _ auf einer Straße mit (8) w_ _ _ _ Verkehr: Was kann schöner (9) s_ _ _?

Hier in Leipzig (10) w_ _ _ _ ich am Stadtrand. Der Stadtteil (11) u_ _ die Lage sind nicht

(12) sch_ _, aber in unserem Hochhaus (13) h_ _ _ ich vom elften (14) S_ _ _ _ eine schöne

Aussicht. Ich (15) w_ _ _ auf keinen Fall weg, (16) w_ _ _ es da ein paar (17) c_ _ _ _ Kneipen

gibt. Da treffe (18) i_ _ oft meine Freunde und (19) w_ _ haben zusammen Spaß.

3   Was ist Ihnen an einer / Ihrer Stadt wichtig? Schreiben Sie.

Ich finde, eine Stadt muss _____.

Zu städtischem Leben gehört, dass _____.

Am wichtigsten ist für mich, dass _____

_____.

Es macht eine Stadt lebenswert, wenn _____

_____.

4 a   Wer wohnt noch hier? Welches Pronomen ist richtig? Kreuzen Sie an.

1. Neben uns wohnt Frau Schneider. Das ist ☐ eine ☐ welche, der man nichts erzählen darf, denn am nächsten Tag wissen es alle.

2. Im Stock unter mir lebt Herr Müller. Das ist ☐ einer ☐ einen, der immer freundlich grüßt und Hilfe anbietet.

3. Im Stockwerk über mir leben zwei Paare. ☐ Ein ☐ Eins davon, Jan und Bente, streitet sehr oft, und dann wird es laut.

4. Im Parterre wohnen Studenten. Da gibt es ☐ welcher ☐ welche, die ihre Fahrräder immer direkt vor der Haustür abstellen.

5. Im Haus gegenüber gibt es ☐ einer ☐ einen, der mir schon zwei Mal das Fahrrad repariert hat.

6. Und zwei Häuser weiter wohnen zwei Familien. ☐ Eine ☐ Welche davon hat zwei Kinder, auf die ich manchmal aufpasse.

7. Ich habe Glück. In meinem Haus lebt ☐ kein ☐ keiner, der wirklich unfreundlich ist. Alle sind ganz nett.

b   Ergänzen Sie in den Sätzen die passenden Pronomen.

1. ○ Wie ist es bei dir auf dem Dorf? Habt ihr da auch ein Schwimmbad?

   ● Nein, wir haben leider _____, aber sieben Kilometer weiter, im nächsten Dorf, da ist

   _____. Aber das ist immer sehr voll.

2. ○ Gibt es denn bei euch im Viertel auch einen Bäcker?

   ● Oh ja. Zum Glück haben wir _____, und sogar einen sehr guten.

3. ○ Habt ihr auch nette Nachbarn bei euch in der Straße?

   ● Oh ja, es gibt da _____, die sind sehr nett und hilfsbereit.

4. ○ Mein Fahrrad ist kaputt. Kann ich bitte mal schnell _____ ausleihen?

   ● Aber klar. Ich habe ja noch _____ im Keller.

5. ○ Wollen wir nicht shoppen gehen? Du kennst doch bestimmt ein schönes Geschäft.

   ● Oh ja, und nicht nur _____. Es gibt da mehrere gleich um die Ecke.

6. ○ Weißt du, wem dieser Hausschlüssel gehört? Ist der von Elias?

   ● Nein, das ist nicht _____. Ich glaub', der gehört Melanie.

5   *irgendein, irgendeine, irgendwelche*. Ergänzen Sie.

1. ○ Wer war das? – ● Irgend_____ Angestellte aus der Firma. Ich weiß nicht, wie sie heißt.

2. ○ Ich kann das nicht machen. – ● Ruf deine Freunde an. Irgend_____ hilft dir bestimmt.

3. ○ Was für Blumen soll ich kaufen? – ● Ich weiß auch nicht. Nimm einfach irgend_____.

4. ○ Was für ein Eis kann ich dir mitbringen? – ● Das ist egal. Bring irgend_____ mit.

5. ○ Was möchtest du denn lesen? – ● Irgend_____ spannenden Roman.

6. ○ Was gab es denn zum Essen? – ● Na ja. Nudeln mit irgend_____ komischen Soße.

6 a   Morgens um fünf. Welches Wort passt nicht? Streichen Sie.

1. Für die Angestellten der Bäckerei beginnt der Arbeitsplatz / der Arbeitstag sehr früh.

2. Die Fahrerin der Bäckerei bringt die Bestellungen zu den Kunden / zu den Angestellten.

3. In der Bäckerei schmeckt / riecht es angenehm nach frischem Brot.

4. Pfleger im Krankenhaus, die Nachtdienst / Frühschicht haben, machen um 7.00 Uhr morgens Schluss.

5. Die Fahrer der Reinigungsfahrzeuge beginnen ihren Dienst / ihren Betrieb morgens um fünf.

6. Die Fahrzeuge fahren durch das offene Tor / durch die offene Tür hinaus auf die Straße.

b   Bezeichnungen von Personen. Ergänzen Sie die richtige Endung.

Abbas' Eltern sind aus der Türkei, Abbas selbst ist (1) Deutsch_____ und Türke – in dieser Reihenfolge, wie er selbst sagt. Abbas ist Sozialarbeiter in Berliner Stadtteil Marzahn: „Wir kümmern uns um die Leute, die wirklich Probleme haben", sagt er. (2) „Arbeitslos_____ und besonders (3) Obdachlos_____ können sich oft nicht mehr selbst helfen, sie brauchen Hilfe von außen." Unter den (4) Obdachlos_____ gibt es viele (5) Jugendlich_____, die von zu Hause weggerannt sind. „Da ist es schwer, ihr Vertrauen zu gewinnen", sagt Abbas. „So ein (6) Jugendlich_____ will natürlich keinen Kontakt zur Familie oder seinen (7) Verwandt_____. Seine einzigen Freunde und (8) Bekannt_____ haben meistens dieselben Probleme." Deshalb braucht es oft lange, bis die (9) Jugendlich_____ zu einem (10) Erwachsen_____ wie Abbas Vertrauen haben. „Aber manchmal finden wir einen Weg, der einen jungen (11) Obdachlos_____ wieder von der Straße wegbringt. Das ist dann ein kleiner, aber schöner Erfolg", sagt Abbas.

→•←   c   Personenbezeichnungen aus Adjektiven. Wählen Sie.

A   Ergänzen Sie. Die Wörter unten helfen.   **B   Ergänzen Sie.**

Liebe Besucherinnen und Besucher!

Bitte nehmen Sie Rücksicht auf die anderen Patienten in unserem Haus zu nehmen, wenn Sie Ihre

(1) V_____ oder (2) B_____ besuchen.

Die Klinikleitung.

Name und Telefonnummer des

(3) A_____ , der im Notfall

verständigt werden soll:

„Kinder und (4) J_____ unter

16 Jahren haben nur Zutritt in Begleitung eines

(5) E_____ .

Parkplatz **ausschließlich** für

(6) A_____ des Krankenhauses.

Angehörigen | Angestellte | Bekannten | Erwachsenen | Jugendliche | Verwandten

7 **Der Tag beginnt. Schreiben Sie Sätze mit** *damit*, *während*, *wenn* **und** *um … zu.*

1. Manche Leute arbeiten schon, _____ .
die meisten / während / schlafen / noch

2. Die Nacht ist sehr kurz, _____ .
wenn / in einer Bäckerei / arbeiten / man

3. Seit 2.00 Uhr wird Brot gebacken, _____ .
es / damit / frisches Brot / geben / am Morgen

4. Die Fahrerin lädt Körbe mit Brot ins Auto, _____ .
Kunden / es / bringen / um – zu

5. Die Angestellten des Bauhofs sind unterwegs, _____ .
um – zu / die Straßen / sauber / machen

8 **Was macht eine Stadt attraktiv? Ergänzen Sie die Antworten.**

Ich finde Städtevergleiche ehrlich (1) g _ _ _ _ _ nicht sinnvoll. Es geht (2) d _ _ _ nicht nur

um (3) d _ _ Freizeitangebot oder das (4) A _ _ _ _ _ _ an Arbeitsplätzen! Wirklich

(5) w _ _ _ _ _ _ ist doch, ob (6) m _ _ dort Freunde hat. (7) D _ _ tollste Stadt der

(8) W _ _ _ ist doch ohne (9) F _ _ _ _ _ _ überhaupt nicht toll.   *Leonie Winter, Aschaffenburg*

Also, ich (10) f _ _ _ _ diese Studien recht interessant. (11) V _ _ allem, wenn die

(12) S _ _ _ _ _ nach verschiedenen Kriterien (13) b _ _ _ _ _ _ _ werden: nach der

(14) Z _ _ _ der Arbeitslosen, den (15) K _ _ _ _ _ für die Miete (16) o _ _ _ den

Möglichkeiten für (17) ei _ _ gute Ausbildung. Das kann schon sehr hilfreich sein.   *Jens Becker, Jever*

9 **Zufriedenheit mit dem Wohnort. Ergänzen Sie in den Sätzen** *was* **oder** *wo.*

Bianca lebt in einem Dorf, (1) _____ nur 2.000 Leute leben. Aber es gibt fast

alles, (2) _____ man zum Leben braucht. Im Ort gibt es einen Berg,

(3) _____ man Skifahren kann, (4) _____ Bianca besonders gefällt. Aber

im Sommer gibt es nicht viel, (5) _____ man im Dorf machen kann: Joggen

oder in den Bergen wandern ist nichts, (6) _____ ihr wirklich Spaß macht.

Aber hier hat sie ihre Freunde, und das ist es, (7) _____ sie wichtig findet.

Sonst wäre sie vielleicht schon weggezogen.

10 **Auf Standpunkte eingehen. Was kann man sagen? Ordnen Sie zu.**

1. Das ist ein wichtiger Aspekt für junge Leute, ____

2. Diesen Punkt finde ich interessant, ____

3. Das ist gut für Autofahrer. Du hast aber ganz vergessen, ____

4. Was du zu diesem Thema gesagt hast, ____

5. Und die Kosten? Du darfst nicht außer Acht lassen, ____

A wie viele Leute kein Auto haben. Und was machen die?

B dass diese Lösung sehr viel Geld kostet.

C daran habe ich überhaupt nicht gedacht.

D für ältere ist das aber nicht so wichtig.

E das stimmt leider nicht so ganz.

11 **Texte laut vorlesen. Setzen Sie Punkte und Kommas. Lesen Sie dann laut und achten Sie auf die Pausen.**

Ja in München kann man sehr gut leben keine Frage in der Studie heißt es auch dass München eine Stadt ist wo man besonders sicher lebt das glaube ich allerdings nicht es gibt auch in München Ecken wo ich mich sehr unsicher fühle München liegt in dem Ranking aber so gut weil die Arbeitslosigkeit niedrig ist das ist natürlich schön das heißt aber auch dass immer mehr Menschen in München arbeiten wollen und eine Wohnung brauchen die Mieten und die Preise für Wohnungen sind deshalb extrem hoch die Attraktivität der Stadt hat schon zwei Seiten eine gute und eine weniger gute

12 **Die ersten Tage in Zürich. Welches Wort passt nicht? Streichen Sie.**

1. die Besucher – die Gäste – die Touristen – die Einwohner
2. das Wahrzeichen – die Industrie – das Symbol – die Sehenswürdigkeit
3. die Kirche – der Fluss – der Turm – das Rathaus
4. das Fahrrad – die Verkehrsmittel – die Fassade – zu Fuß gehen
5. mieten – die Kaution – die Altstadt – leihen

13 **Eine E-Mail an einen Geschäftspartner. Was ist falsch? Markieren Sie die Fehler und korrigieren Sie.**

✉

Sehr liebe Herr Münter,

in einer Woche kommen Sie nach uns in Ingolstadt. Meine Kollegen

und ich haben uns gefreut, Ihnen dann nicht nur unsere Firma,

sondern auch meine Stadt und einige Sehenswürdigkeiten in der

Umgebung zu zeigen. Bitte teilen Sie uns die Zeit seiner Ankunft am

Flughafen mit, während ich Sie abholen kann. Ich warte in der

Ankunftshalle mit einem Schild auf dich.

Wir freuen uns, dass wir Sie schon bald kennenlernen konnten.

Ich wünsche Ihnen eine coole Reise.

Mit freundlichen Grüße

1. *gechrter*
2. _____
3. _____
4. _____
5. _____
6. _____
7. _____
8. _____
9. _____
10. _____

Wortbildung – Adverbien mit *-einander*

a **Markieren Sie in beiden Sätzen die Präpositionen.**

1. Felix redet gern mit Mia, Mia redet auch gern mit ihm.   Sie reden gern miteinander.
2. Ich lerne viel von meiner Freundin und sie von mir.   Wir lernen viel voneinander.

b **Ergänzen Sie *-einander* mit der passenden Präposition.**

1. Mein Freund war lange weg, aber wir haben jeden Tag _____ gedacht.

2. Meine Schwester hat gestern angerufen, wir haben lange _____ telefoniert.

3. Wenn die Kinder allein sind, dann kümmern sie sich gut _____.

4. Alex hat einen neuen Hund. Die beiden haben sich jetzt _____ gewöhnt.

Geld regiert die Welt?

1 **Das kann man mit Geld machen. Lösen Sie das Rätsel. Wie heißt das Lösungswort?**

1. Viele Leute müssen das meiste Geld für Dinge, die sie dringend brauchen, …

   _ _ _ _ _ _ _ _ _ _

2. Mit Geld kann man sich viele Wünsche …

   _ _ _ _ _ _ _ _ _

3. Manche Leute geben nur wenig Geld aus, sie sind …

   _ _ _ _ _ _ _

4. Im Sommer ziehen wir aufs Land, dann müssen wir uns ein Auto …

   _ _ _ _ _ _ _ _ _ _

5. Bevor eine Firma Geld für etwas ausgeben kann, muss sie es zuerst …

   _ _ _ _ _ _ _ _ _

6. Leute, die in Not geraten sind, kann man mit Geld …

   _ _ _ _ _ _ _ _ _ _ _ _ _

7. Mit Geld kann man einen Verein oder eine Organisation … unterstützen.

   _ _ _ _ _ _ _ _ _

8. Wenn man Geld geliehen hat, muss man die Schulden oder den Kredit …

   _ _ _ _ _ _ _ _ _ _

Manche Leute finden es nicht gut, wenn sie Geld als _ _ _ _ _ _ _ _ bekommen.

2 **Wenn ich viel Geld hätte … Was würden die Leute machen? Ordnen Sie zu.**

1. Mit viel Geld würde ich eine Wahnsinnsparty für meine Freunde organisieren, ____

2. Eine richtig große Reise mit meiner Familie wäre traumhaft schön, ____

3. Ich träume ja schon länger von einem Motorrad, ____

4. Es gibt so schöne Wellness-Hotels und ich würde dafür Geld ausgeben, ____

5. Wenn Geld keine Rolle spielen würde, würde ich auf alle Fälle viel Geld in Schmuck investieren, ____

6. Es gibt immer neue Entwicklungen im technischen Bereich, ____

7. Ich kenne Leute in Not, die wirklich Pech hatten und Unterstützung brauchen ____

A denn unterwegs könnten wir gemeinsam viel erleben und hätten später tolle Erinnerungen.

B um mich von meinem stressigen Alltag zu erholen und mich mal richtig verwöhnen zu lassen. Das würde ich mir leisten!

C die mich faszinieren. Ich würde mir meine Wünsche erfüllen und mir die neuesten Geräte anschaffen.

D und zwar in Unikate von Künstlern. Gold behält immer seinen Wert.

E und ich könnte ihnen bei ihren finanziellen Problemen helfen.

F um gemeinsam mit ihnen zu feiern und mich für ihre Unterstützung zu bedanken.

G mit dem ich dann öfter rausfahren würde aus der Stadt.

3 a Wie war das? Ergänzen Sie den fehlenden Satzteil mit *je* oder *desto*.

1. Je länger Eric in Deutschland war, *desto besser sprach er Deutsch.*
   gut / er / sprechen / Deutsch

2. Je schneller die Leute mit ihm redeten, _____
   schlecht / er / verstehen /sie

3. _____, desto fitter wurde sie.
   oft / Sport / machen / Tina

4. _____, desto mehr Spaß hatte sie.
   lange und weit/ laufen / können / sie

5. Je länger das Konzert dauerte, _____
   gut / die Stimmung / werden

6. _____, desto interessanter fand er sie.
   viel / Ole / über die Band / erfahren

7. Je mehr eine Person verdient, _____
   leicht / einen Kredit bekommen / sie

8. _____, umso genauer muss man überlegen,
   wenig Geld / sein / auf dem Konto   wie viel man ausgeben kann.

b Und Sie? Schreiben Sie den fehlenden Satzteil mit *je* oder *desto*.

Je länger ich am Morgen schlafen kann, _____

_____

Je schneller ich mit der Arbeit fertig bin, _____

_____

_____

desto mehr Spaß macht es.

4 Gespräch in der Bank. Was gehört zusammen? Ordnen Sie zu.

1. Ich möchte gern ein Konto eröffnen. ____

2. Wie hoch sind die Kontogebühren für dieses Konto? ____

3. Ich habe noch eine Frage. Bekomme ich die Kontoauszüge zugeschickt? ____

4. Gibt es extra Kosten, wenn ich mit der Bankkarte Bargeld abhebe? ____

5. Ist bei diesem Kontopaket auch eine Kreditkarte dabei? ____

6. Wie lange dauert es, bis ich die Geldkarte bekomme. ____

A Nein, aber wir können natürlich eine Kreditkarte beantragen.

B Das können wir gern machen, das macht dann monatlich noch 2,80 € extra. Sie können Sie aber auch selbst ausdrucken.

C Pro Jahr sind das 48 Euro. Wir buchen alle drei Monate 12 Euro ab.

D Zwei bis drei Tage. Wenn wir heute noch den Kontovertrag abschließen, dann haben Sie die Karte spätestens am Freitag.

E Da kann ich Ihnen unser Comfort-Konto empfehlen. Da können sie immer auch alles online erledigen.

F Bei unserer Bank selbstverständlich nicht. Aber andere verlangen auch im Inland Gebühren.

5 **Fragen über Fragen. Was wollen die Bankkunden wissen? Ergänzen Sie das Partizip II in der richtigen Form.**

1. Wann ist der _____ Betrag endlich auf dem Konto? (überweisen)

2. Wann bekomme ich die _____ Kreditkarte? (beantragen)

3. Warum kann ich den _____ Betrag nicht abheben? (wünschen)

4. Was soll ich mit der _____ Kreditkarte machen? (beschädigen)

5. Wann und wo kann ich die _____ EC-Karte abholen? (einziehen)

6. Muss ich die _____ Geldkarte bei der Polizei melden? (stehlen)

7. Warum habe ich die _____ Belege nicht bekommen? (zuschicken)

6 **Globale Wirtschaft. Ergänzen Sie.**

Die Wirtschaft hat sich in den letzten zwanzig (1) J_ _ _ _ _ stark verändert, sie ist (2) gl_ _ _ _ geworden. Die Waren werden (3) d _ _ _ produziert, wo es am (4) bi_ _ _ _ _ _ _ ist, und dann um (5) d_ _ ganze Welt transportiert. Große (6) Fi_ _ _ _ sind in fast allen (7) Lä_ _ _ _ _ aktiv. In fast allen (8) St_ _ _ _ _ gibt es dieselben Geschäfte (9) d_ _ großen Marken. Überall kann (10) m_ _ die gleiche Mode kaufen. (11) A_ _ _ die Technik entwickelt (12) s_ _ _ sehr schnell weiter. (13) Des_ _ _ _ müssen die Menschen in (14) i_ _ _ _ Berufen sehr flexibel und (15) mo_ _ _ sein. Dass man sein (16) ga_ _ _ _ Leben lang an demselben (17) O_ _ oder in derselben Firma (18) a_ _ _ _ _ _ _, das gibt es fast gar nicht mehr.

7 **Folgen der Globalisierung. Wählen Sie.**

A **Ergänzen Sie. Die Wörter unten helfen.**

B **Ergänzen Sie.**

Meistens werden die Waren heutzutage nur noch dort hergestellt, wo die (1) _____ am billigsten ist. Zwischen den einzelnen Firmen ist die (2) _____ sehr groß geworden. Wenige große Konzerne und Banken kontrollieren den (3) _____. Die Unterschiede zwischen Arm und Reich werden größer, sodass auch in den reichen Ländern inzwischen der (4) _____ für große Teile der Bevölkerung in Gefahr ist. Für Arbeiter und Angestellte werden die (5) _____ am Arbeitsplatz immer schlechter, die Löhne und Gehälter (6) _____. Immer schneller verbreitet sich auch der technische (7) _____. Die Frage ist allerdings, wer von dieser Situation am meisten (8) _____.

Bedingungen | Fortschritt | Konkurrenz | profitieren | Produktion | sinken | Weltmarkt | Wohlstand

8 a Partizip I oder Partizip II: Was ist richtig? Streichen Sie das Partizip, das hier nicht passt.

1. Für Leute, die Angst um ihren Job haben, ist das eine beunruhigende / beunruhigte Situation.

2. Es ist schwer, nach einer verlierenden / verlorenen Stelle wieder eine neue Arbeit zu finden.

3. Zu den Verlierern der Globalisierung gehört die arbeitende / gearbeitete Bevölkerung.

4. Firmen können billig produzierende / produzierte Waren besser verkaufen.

5. Die Konsumenten freuen sich über günstig kaufende / gekaufte Produkte.

6. Die wachsende / gewachsene Macht von großen Firmen und Banken macht vielen Bürgern Angst.

b Ein Blick aus dem Fenster. Ersetzen Sie die Information im Relativsatz durch das Partizip I.

Wenn Frau Hell aus dem Fenster schaut, dann sieht sie …

einen Mann, der schläft,   1. *einen schlafenden Mann,* _____

ein Kind, das spielt,   2. _____

eine Frau, die liest,   3. _____

Jungen, die streiten,   4. _____

Autos, die vorbeifahren,   5. _____

ein Mädchen, das weint,   6. _____

eine Frau, die telefoniert.   7. _____

9 Wortakzent und Wortfamilien. Wo liegt der Wortakzent? Markieren Sie und lesen Sie dann laut.

1. prüfen – überprüfen – die Prüfung – die Abschlussprüfung – die Prüferin

2. wünschen – wünschenswert – der Wunsch – der Glückwunsch

3. brauchen – gebrauchen – verbrauchen – der Verbraucher – der Stromverbrauch

4. schreiben – schriftlich – unterschreiben – die Unterschrift

5. ziehen – anziehen – beziehen – die Beziehung – die Erzieherin

10 a Über Gewissensfragen sprechen. Markieren Sie Wörter und Ausdrücke in der Wortschlange. Schreiben Sie sie zum passenden Ausdruck.

NUBAVORWURFGEWENENDIEBSTAHLBELLÖEHRLICHKEITUDGRAFBERAKZEPTIERE
NUPPKLADEBETRÜGENBETRAFFUNSTEHLENVERPULZEHRVERZICHTENWAYRATTIN
GKRITISCHLÖBELLSTERSCHLIMMGETRÄTOLERIERENOHBER

1. einen _____ anzeigen

2. sich einen _____ machen

3. einen Vertrag _____

4. im Geschäft Dinge _____

5. das Verhalten _____

6. jemanden um Geld _____

7. auf Luxus _____

8. Globalisierung _____ sehen

9. eine Entwicklung _____ finden

10. _____ wichtig finden

b Gewissensfragen. Was können die Personen akzeptieren/befürworten, was lehnen sie ab? Ergänzen Sie die Aussagen. Achten Sie auf die richtige Form.

akzeptieren | bezahlen | finden | gefallen | gehen | Ordnung | Problem | Verhalten

Darf man eine Zeitung mitnehmen, ohne zu bezahlen, wenn man kein Kleingeld dabei hat?

Kann ich ein Geschenk, das mir nicht gefällt, einfach jemand anderem schenken?

„Ja, das ist schon okay!"	*„Nein, das geht gar nicht!"*
Ich habe kein (1) _____ damit, dass jemand die Zeitung mitnimmt, wenn er sie am nächsten Tag (2) _____. Wenn man das macht, ist man kein Dieb. Ich finde es in (3) _____, wenn man etwas weiterschenkt, was einem nicht (4) _____.	Es (5) _____ nicht, dass jemand die Zeitung nimmt, obwohl er kein Geld dabeihat. So ein (6) _____ lehne ich ab! Ich (7) _____ es einfach unmöglich, ein Geschenk jemand anderem zu schenken. Das kann ich nicht (8) _____.

11 Gutes tun mit Geld: Informationen über die Fuggerei in Augsburg. Schreiben Sie die Sätze.

1. _____
Jakob Fugger / gründen / vor fast 500 Jahren / eine Siedlung / .

2. _____
bedürftige Handwerker und Arbeiter / dorthin / ziehen / können / .

3. _____
wenn / ihnen / besser / es / finanziell / gehen // , / wieder / sie ausziehen / .

4. _____
auch heute / 150 bedürftige Bürger / noch / dort / wohnen / .

Wortbildung – Verben mit *her-* und *hin-*

Was ist richtig? Kreuzen Sie an.

1. Ich möchte dir was zeigen! Kommst du mal ☐ her ☐ hin zu mir?
2. Ich bin ☐ hergefallen ☐ hingefallen und das Knie tut mir weh.
3. Ach, du bist es! Die Tür ist offen, komm ☐ herein ☐ hinein!
4. Ich helf' dir den Tisch abzuräumen. Wo kann ich das Geschirr ☐ herstellen ☐ hinstellen?
5. Das Konzert war total voll. Sie haben uns nicht mehr ☐ hereingelassen ☐ hineingelassen.
6. Das Buch gehört ins Regal. Kannst du es bitte ☐ hereinstellen ☐ hineinstellen?
7. Die Haustür ist zu! Wirf mir doch bitte den Schlüssel ☐ herunter ☐ hinunter.
8. Die Treppe im Turm hat 284 Stufen. Sollen wir da wirklich ☐ heraufgehen ☐ hinaufgehen?
9. Der Hund war heute noch nicht draußen. Kannst du mit ihm ☐ herausgehen? ☐ hinausgehen?

1 Gute Reise!

1

A3, B1, C2

2

1. Zwei Wochen lang waren wir an der Ostsee unterwegs.
2. Es war sehr entspannend und wir sind viel mit dem Fahrrad gefahren.
3. Wenn das Wetter nicht schön war, haben wir eine Stadt angesehen.
4. In der Pension haben wir nach einer Woche nette Leute kennengelernt.
5. Wir haben mit ihnen einen Ausflug nach Danzig gemacht.

3a

1G, 2H, 3B, 4E, 5F, 6A, 7C, 8D

3b

1. spontan, 2. Tage, 3. unternehmen, 4. Urlaub, 5. faulenzen, 6. langweilig, 7. im Freien/draußen, 8. Winter, 9. entspannend, 10. Stress

4

1. zu besuchen. 2. machen. 3. zu kaufen. 4. zu buchen? 5. zu besichtigen. 6. ausschlafen. 7. essen.

6

1. für, 2. Wir, 3. machen, 4. erholen, 5. liebsten, 6. Aber, 7. Problem, 8. total, 9. Strand, 10. viel, 11. am, 12. etwas, 13. passt, 14. erkundigen, 15. haben, 16. Erholung, 17. Ihnen, 18. Da, 19. Ferienwohnungen, 20. um, 21. vielleicht, 22. Weg, 23. Tage

7

1. Angebot, 2. Service, 3. Halbpension, 4. buchen, 5. inklusive, 6. Aufenthalt, 7. organisieren, 8. überlegen
Lösungswort: arbeiten

8

1. …, weil sie nicht gern recherchiert. 2. …, obwohl das ziemlich teuer ist. 3. …, weil er so viel Arbeit hat. 4. …, obwohl er diese Stadt liebt.

9

positiv: 2, 5
negativ: 1, 3, 4

10

1. Ich denke, dass wir am Montag abends um fünf Uhr in Frankfurt ankommen.
2. Ich muss noch einkaufen und bringe die Sachen dann in unsere Wohnung.
3. Ich möchte mich für die Einladung bedanken, die Stimmung beim Fest war einfach cool.
4. Zwei Wochen lang war unser Freund krank, ihm war zu Hause so langweilig.

11

die Fahrt, -en; die Verspätung, -en; das Gleis, -e; die Haltestelle, -n; der Bahnsteig, -e; die Ankunft, ¨e; die Abfahrt, -en; die Station, -en; der Unfall, ¨e

12

1. überqueren, 2. erwarten, 3. schließen, 4. vergessen, 5. bedanken, 6. betreuen, wohlfühlen

13a

1. Vorliebe, 2. Alltag, 3. Gegensatz, 4. Empfang, 5. Feierabend, 6. Höhe, 7. Plan

13b

1. … auf einer Alm zu arbeiten. 2. … einen Platz zu finden. 3. … oben im Gebirge zu sein. 4. … seine Freunde anzurufen. 5. … früh am Morgen aufzustehen.

Wortbildung

a

entspannen, planen, erschrecken, telefonieren, übernachten

b

1. Arbeiten, 2. Telefonieren, 3. Surfen, 4. Aufstehen, 5. Nachdenken

2 Das ist ja praktisch!

1a

1. Türöffner, 2. Schlüssel, 3. Handy, 4. anrufen / rufen, 5. offen, 6. Wohnung, 7. Tür, 8. passieren, 9. Finger

1b

1. …, dass jeder zu seiner Musik tanzen kann.
2. …, wenn man nicht gern schreibt.
3. …, wenn man schwere Dinge transportieren muss.
4. …, dass man beim Arbeiten stehen kann.
5. …, ist das besser für den Rücken.

2

1D, 2E, 3B, 4C, 5A

3a

1. b, 2. b, 3. a, 4. a, 5. b

3b

1. Heute lasse ich mich zur Arbeit bringen.
2. Eva lässt sich im Geschäft beraten.
3. Warum lasst ihr euch nicht helfen?
4. Die Gäste lassen sich gute Tipps geben.
5. Warum lässt du das Rad nicht reparieren?

4a

1. …, sodass sie Dinge selbst reparieren kann. / …, sodass sie selbst Dinge reparieren kann.
2. …, deshalb kauft er immer neue.
3. …, darum lässt sie es reparieren.
4. …, dass er heute viel Geld verdient.
5. …, deshalb feiert sie eine Party.
6. …, sodass er nach Hause fliegen musste.

5a

1. funktioniert, 2. kontrolliert, 3. gebrauchen, 4. geht, 5. gekauft, 6. habe, 7. umtauschen, 8. finde, 9. lösen

5b

1. kann, 2. tun, 3. dieses, 4. gekauft, 5. nicht, 6. das, 7. nach, 8. kann, 9. gar, 10. sehr, 11. verstehen, 12. Akku, 13. aufgeladen, 14. lang, 15. der, 16. Minuten, 17. leer, 18. mich, 19. Handy, 20. schicken, 21. brauche, 22. dringend, 23. gebe

6a

1. bekommen – öffnen, 2. ändert – klingelt, 3. klingelt – bittet, 4. wechseln – bekommen, 5. anpassen – sehen, 6. bitten – ändern, 7. öffnet – wechselt, 8. sehen – anpassen

6b

1. des Kühlschranks, 2. der Wände, 3. des Wohnzimmers, 4. der Besucher, 5. der Mitbewohner

6c

1. des Lichts, 2. der Dinge, 3. des Platzes, 4. des Meeres, 5. der Zukunft, 6. Berlins

7a

1. trotz, 2. wegen, 3. wegen, 4. trotz, 5. trotz

7b

1. … wegen der guten Lage sehr teuer.
2. … trotz des großen Lärms gern im Zentrum.
3. … trotz der hohen Kosten nicht umziehen.
4. … trotz der steilen Treppe gern im 4. Stock.

8

1. Zug, Plätze, besetzt, Zeit, sitzen, benutzen, Netz
2. zu, zusammen, zurückgefahren
3. Trotz, Hitze, Arbeitsplatz, Mütze
4. schmutzig, putzt

9

Diese Werbung finde ich am besten:
ist am lustigsten, finde die Idee witzig, mag das coole Bild, ist am kreativsten, gefällt mir am besten
Diese Werbung gefällt mir am wenigsten:
ist nicht interessant, finde ich merkwürdig, mag den Text nicht, finde ich unmodern

10

1. produziert, 2. zu vergessen, 3. langweilig, 4. man kennt

11

1B, 2C, 3D, 4A, 5H, 6G, 7E, 8F

Wortbildung

a

Skifahrerin, Sänger, Fußballspieler, Malerin, Bäcker

b

1. Radfahrerin, 2. Leser/Comicleser, 3. Bäckerin/Kuchenbäckerin, 4. Lehrerin/Spanischlehrerin

3 Veränderungen

1a
Schule: der Unterricht, die Freiheit, die Schulbildung, das Klassenzimmer, die Strafe, die Disziplin
Arbeitswelt: der Betrieb, (die Freiheit), die Arbeitsbedingungen, (die Pflegekraft), die Handarbeit, die Tätigkeit, die Fabrik, das Handwerk, (die Disziplin)
Medizin: die Hygiene, die Diagnose, die Pflegekraft, die Behandlung, der Patient, die Operation

1b
1E, 2D, 3C, 4A, 5B

2
1. weibliche, 2. schwieriger, 3. problemlos,
4. automatisiert, 5. monoton, 6. billig, 7. früher, 8. streng

3
1. Wendepunkt, 2. Unfall, 3. Krankheit, 4. Todesfall,
5. Trennung, 6. Krise, 7. Prozess

4a
1. hatte, 2. machte, 3. erholte, 4. kündigte, 5. suchte,
6. arbeitete, 7. verdiente, 8. besuchte, 9. machte

4b
1. „Hallo Frank!" Die Kellnerin nannte freundlich seinen Namen. 2. Frank kannte die Frau nicht. 3. Warum wusste sie seinen Namen? 4. „Wer ist diese Frau?", dachte Frank die ganze Zeit. 5. Die Kellnerin brachte ihm den Kaffee.
6. Da fiel es ihm wieder ein: 7. In der Schule saßen sie früher nebeneinander.

4c
1. waren, 2. fuhr, 3. kletterte, 4. begann, 5. wurde,
6. hatte, 7. gewann, 8. konnte, 9. machte, 10. sagte,
11. reiste, 12. wollte, 13. änderte, 14. starb, 15. bekam

5
1. vor dem Frühstück, 2. nach dem Spaziergang, 3. am Morgen, 4. während des Frühstücks, 5. außerhalb der Arbeitszeit
6. ab dem nächsten Monat / ab nächstem Monat,
7. innerhalb eines Jahres, 8. während dieses Urlaubs

6a
1. vor dem, 2. nach dem, 3. während der, 4. nach der,
5. während der, 6. nach der

7
1. Handwerker, 2. Krankenpfleger, 3. Kursleiterin,
4. Gesprächspartner, 5. Muttersprache, 6. Fremdsprache,
7. Werkstatt, 8. Ratschlag, 9. Weltmeisterin,
10. zurückbringen, 11. unterschreiben, 12. verbringen

8
1. …, weil sie nicht so oft im Stau stehen wollte.
2. … und das ist besser für die Umwelt.
3. …, dass sie keinen Parkplatz mehr suchen muss.
4. …, deshalb fühlt sie sich jetzt wohler.
5. …, sodass schlechtes Wetter kein Problem ist.

9
1E, 2A, 3F, 4B, 5D, 6C

10
1. nett, 2. gern, 3. komme
4. nach, 5. Dank, 6. von
7. uns, 8. bin
9. Sie, 10. ist

Wortbildung

a
1. das Glas, die Flasche, die Glasflasche
2. das Plastik, der Becher, der Plastikbecher
3. der Beruf, die Schule, die Berufsschule
4. die Meinung, die Freiheit, die Meinungsfreiheit

b
1. die Kindererziehung, 2. die Krankenpflegerin, 3. die Radiosendung, 4. die Krisensituation, 5. die Brotfabrik

4 Arbeitswelt

1

Mechatroniker/-in: Metall bearbeiten, Spaß an Technik haben, etwas von Elektronik verstehen, auch mal schmutzig werden

Chemiker/-in: exakte Analysen machen, Tests und Experimente machen, Stoffe und Materialien untersuchen, viel am Computer arbeiten

2

1. sie, 2. gearbeitet, 3. ich, 4. Mal, 5. lang, 6. bei, 7. Freien, 8. Pakete, 9. nicht, 10. wenn, 11. austrägt, 12. musste, 13. anfangen, 14. hart, 15. war, 16. hatte, 17. dass, 18. dem, 19. Was, 20. noch, 21. eine, 22. und, 23. wirklich, 24. den, 25. oft

4

1D, 2E, 3A, 4C, 5F, 6B

5a

1. müsste, 2. könnte, 3. könnte/dürfte, 4. könnten, 5. müsstest, 6. müssten

5b

1. …, wenn ich nicht krank wäre.
2. …, wenn sie mehr Geld hätte.
3. …, wenn er nicht arbeiten müsste.
4. …, wenn Sie jetzt Urlaub machen könnten?
5. …, wenn du dir etwas wünschen könntest.
6. …, wenn sie dort eine gute Stelle hätten.
7. …, wenn die Karten nicht so teuer wären.

6a

1D, 2E, 3B, 4A, 5C

6b

1. wollte, 2. schlimm, 3. Absicht, 4. passieren. 5. leid, 6. macht, 7. peinlich, 8. Schon, 9. wirklich, 10. nichts, 11. schrecklich, 12. Reden

7

1. a, 2. b, 3. a, 4. a

8

1. Bewerbung, 2. Interesse, 3. Lebenslauf, 4. Zeugnisse, 5. Arbeitgeber, 6. Training

Lösungswort: Stellen

9a

1. auf, 2. an, 3. auf, 4. auf, 5. für

9b

1. darauf, 2. für sie, 3. darüber, 4. darüber, 5. davon

10

1. … darüber, dass die Kollegen ihr bei der Arbeit helfen.
2. … dafür, noch eine Woche länger Urlaub zu machen.
3. … darüber, dass sie auf einen Anruf warten muss.
4. … darüber nachdenken, ob er bei dem Projekt mitarbeitet.

11

… für Ihr Büro suchen, … ist noch nicht besetzt, … Erfahrung in diesem Bereich gesammelt, … Bürotätigkeiten erledigt, … würde auch gern wissen

12

1. Ich rufe wegen Ihrer Stellenanzeige in der lokalen Zeitung an.
2. Ich habe im Internet gesehen, dass Sie einen Fahrer suchen.
3. Ich möchte gern wissen, ob die Stelle noch frei ist.
4. Können Sie mir sagen, ob ich am Wochenende arbeiten muss?

13

1. bekommen, 2. vorbereiten, 3. wählen, 4. achten, 5. zeigen, 6. nachfragen

Wortbildung

a

1B, 2A, 3C

b

1. die Arbeitszeit, 2. die Freizeit, 3. die Schulzeit, 4. der Parkplatz, 5. der Marktplatz

5 Umweltfreundlich?

1
1. verbrauchen, 2. Verpackungen, 3. liegen, 4. Fleisch,
5. produzieren, 6. erledigen, 7. Abfall
Lösungswort: regional

2
Energie / Trinkwasser sparen:
beim Heizen auf die Temperatur achten; für kurze Wege
das Fahrrad benutzen; nur kurz duschen, wenig baden;
das Licht im Zimmer ausmachen
weniger Abfall produzieren:
Dinge recyceln, nur Wichtiges ausdrucken,
Verpackungen aus Plastik reduzieren
umweltbewusst einkaufen:
Lebensmittel aus der Region kaufen; nur neue Kleidung
kaufen, wenn man sie braucht; bei Waren nicht nur auf
den Preis achten

4
1F, 2D, 3A, 4B, 5C, 6E

5
1. korrektere (bessere), 2. mehr, 3. länger, 4. schöner
(besser), 5. schwerer, 6. öfter; 7. bessere, 8. sparsamere
(bessere), 9. weniger; 10. entspannender, 11. lieber,
12. niedrigeren

6
1. schönsten, 2. sichersten, 3. größten, 4. modernste,
5. tollste, 6. besten, 7. bequemsten, 8. neuesten,
9. coolsten, 10. freundlichsten, 11. glücklichsten

7
Die Markierung der Betonung ist ein Vorschlag, es gibt
mehrere Möglichkeiten.

1. beim|baden|verbraucht|man|mehr|wasser|als|beim|
   duschen, (.) aber|manche|finden|es|einfach|
   bequemer.
2. für|die|gleiche|menge|geschirr|ist|der|bedarf|an|
   wasser|viel|größer, wenn|man|es|von|hand|spült.
3. für|die|umwelt|ist|es|besser, wenn|man|weniger|
   fleisch|isst. (,) und|wenn|man|doch|mal|fleisch|isst,
   dann biofleisch. (,) aber|es|ist|auch|teurer.
4. neue|geräte|sind|nur|dann|besser|für|die|umwelt|als|
   alte, wenn|man|sie|auch|lange|zeit|verwendet.

8
1. wegwirft, 2. kämpfen, 3. erhältlich, 4. tun, 5. leihen,
6. bekommen

9a
1. …, um Wasser zu sparen.
2. …, um mehr Bewegung zu haben.
3. …, um frische Ware zu bekommen.
4. …, um Verpackungen zu vermeiden.
5. …, um nicht im Stau zu stehen.

9b
1. …, damit ihre Freunde nicht lange warten müssen.
2. …, um sie zum Abendessen einzuladen.
3. …, damit ein alter Herr sitzen kann.
4. …, um die anderen nicht zu stören.
5. …, damit er sich keine Sorgen macht.

10
1. Meinung, 2. zustimmen, 3. überzeugt,
4. widersprechen, 5. betonen, 6. Gegenteil

11
1: das Gewitter, es blitzt, es donnert, es hagelt,
   stürmisch, regnerisch (bewölkt)
2: bewölkt, es nieselt, feucht, kühl, neblig (regnerisch)
3: die Sonne scheint, heiß, schwül, sonnig, keine Wolken

12
1. Wetter, 2. morgen, 3. noch, 4. Temperaturen, 5. Grad,
6. zum, 7. Wind, 8. Abends, 9. Gewitter, 10. den, 11. Gefahr
12. gibt, 13. bleiben, 14. liegen, 15. minus, 16. kann,
17. schneien, 18. scheint, 19. Zeit, 20. wird, 21. bis,
22. möglich

13
1. b, 2. b, 3. a, 4. b

Wortbildung

a
1. Manche Industrien verschmutzen das Wasser. –
   die Verschmutzung
2. Wegen eines Staus verspätet sich der Bus. –
   die Verspätung
3. Eine Person hat sich bei einem Unfall verletzt. –
   die Verletzung
4. Ausgebildete Personen betreuen die Kinder. –
   die Betreuung (Kinderbetreuung)
5. Die Kunden bewerten den Service in einem Hotel. –
   die Bewertung

b
1. (geplant) Planung, 2. (bewirbt) Bewerbung,
3. (bewegt) Bewegung, 4. (verpackt) Verpackung

6 Blick nach vorn

1
1. übernehmen, 2. fliegen, 3. leben, 4. herstellen/
produzieren, 5. arbeiten, 6. bauen, 7. werden, 8. haben,
9. fahren, 10. essen

3a
1. ~~werde~~, 2. ~~möchte~~, 3. ~~wirst~~, 4. ~~möchtest~~, 5. ~~wird~~, 6. ~~wird~~,
7. ~~wollen~~, 8. ~~möchte~~, 9. ~~wird~~

3b
1. Er wird mehr für die Prüfungen lernen.
2. Sie wird die Zeit besser planen.
3. Sie werden weniger Kaffee trinken.
4. Im nächsten Jahr werden wir öfter trainieren. /
   Wir werden im nächsten Jahr öfter trainieren.
5. Was wirst du im nächsten Jahr anders machen?

4
1. Nächstes Jahr … 2. Er hat vor, … 3. Hanna und José
haben sich vorgenommen, … 4. Sie wollen nicht mehr
so oft … 5. Frau Luhmann hat vor, … 6. Sie fängt an, …

5a
1. Jungen, 2. Automaten, 3. Franzosen, 4. Affen,
5. Praktikant, 6. Konsument, 7. Namen, 8. Menschen

5b
1. Fotografen, 2. Journalisten, 3. Kunden, 4. Kollegen,
5. Bauern, 6. Herrn

6
1. Grüsse, geniesse, süsses; 2. ausser, grossen, Spass;
3. Strasse, draussen, 4. fliesst, weiss, heisst

7
1. aussehen, 2. diskutieren, 3. leben, 4. geben, 5. teilen,
6. wachsen, 7. bieten, 8. spielen, 9. entstehen,
10. produzieren

8a
1. dem, 2. der, 3. denen, 4. dem, 5. denen, 6. dem

8b
1. …, der ich gestern den Weg erklärt habe.
2. …, denen ich die Fotos von der Party zeige.
3. …, denen ich unsere Stadt zeige.
4. …, dem das neue Motorrad gehört.
5. …, dem es nicht gut geht.
6. …, der ich ein paar Bücher leihe.

8c
1F, 2A, 3G, 4B, 5C, 6E, 7D

8d
1. in der, 2. die, 3. in dem, 4. mit der, 5. das, 6. dem,
7. in das, 8. die

9a
1E, 2C, 3A, 4D, 5B

9b
1. passt schon, ist nichts Besonderes; 2. insgesamt nicht
schlecht, an manchen Stellen gut; 3. schon in Ordnung
4. ist insgesamt toll, hat super Songs; 5. insgesamt sehr
gut, wirklich super; 6. leicht verständlich, einfach sehr
kreativ

10
Konzerte geben, ein Album aufnehmen, viele Auftritte
haben, an einer Castingshow teilnehmen, Preise
bekommen, gute Texte haben, in den Charts sein,
Mitglied einer Jury sein

Wortbildung
1. Flüssigkeit, 2. Freiheit, 3. Schwierigkeiten,
4. Gewohnheit, 5. Wahrheit, 6. Ähnlichkeit

7 Zwischenmenschliches

1
1. Spaß, 2. beeilen, 3. Lust, 4. nächste, 5. fahren,
6. Urlaub, 7. Wetter, 8. danach/dann

2
1F, 2D, 3A, 4B, 5C, 6E

3a
1. a, 2. b, 3. a, 4. b

3b
1. Mit 19 Jahren war Anna von zu Hause nach Bremen
gezogen. 2. Drei Jahre später war sie mit ihrem Freund
nach Portugal gegangen. 3. Zwei Jahre lang hatte sie
mit Tiago zusammengelebt. 4. Mit 25 war Anna allein
nach Bremen zurückgekommen. 5. Bald darauf hatte
sie Julia kennengelernt. 6. Nach einem Jahr hatten sie
geheiratet und ein großes Fest mit Freunden gefeiert.

4
1. gefunden, 2. gefreut, 3. vermisst, 4. meldete sich an,
5. einzuladen, 6. unterhalten, 7. organisiert,
8. entwickelten

5
1. abgeschlossen hat, 2. gegründet hatten, 3. gefunden
hat, 4. geheiratet hatte, 5. umgezogen ist

6a
1. Ich, 2. jetzt, 3. bin, 4. Büro, 5. total, 6. gern,
7. habe, 8. Abend, 9. die, 10. bist, 11. müde, 12. wirklich,
13. unternehmen, 14. finden, 15. im, 16. Stress,
17. Wochenende, 18. gut, 19. auch, 20. dir, 21. treffe,
22. bitte, 23. dann

6b
1. seit, 2. bis, 3. während, 4. bevor, 5. seit, 6. bis,
7. während, 8. bis (bevor)

8
1. nachgeben, 2. akzeptieren, 3. streiten, 4. einigen,
5. bleiben, 6. schweigen, 7. schaden

9
1. … du besser zuhörst. 2. … gut verstehen. 3. … aber
etwas! 4. … böse, bitte. 5. … gleich so auf. 6. … nicht so
schlimm. 7. … einen Kompromiss, 8. … nicht wahr sein.
9. … mit dir!

10
1. aber, 2. denn, 3. wohl, 4. mal, 5. ja

11
1. verhindern, 2. schwierig, 3. Briefe, 4. verheiratet,
5. beeinflussen, 6. erwachsen, 7. Paar, 8. engagieren

12
1F, 2D, 3A, 4G, 5B, 6C, 7E

13
Die Markierung der Pausen und der Betonung ist ein
Vorschlag. Es gibt mehrere Möglichkeiten.

Ein Rabe hatte einen Käse gestohlen, flog damit auf
einen Baum | und wollte dort in Ruhe den Käse essen.
Ein Fuchs kam vorbei und sah den Raben. Er lief eilig
dorthin und begann den Raben zu loben: „Oh Rabe,
was bist du für ein wunderbarer Vogel! Wenn dein
Gesang ebenso schön ist wie deine Federn, dann bist
du wirklich der König aller Vögel." Dem Raben gefiel es,
dass der Fuchs ihn so lobte. Er machte seinen Schnabel
weit auf, um dem Fuchs etwas vorzusingen. Dabei fiel
ihm der Käse auf den Boden. Den nahm der Fuchs
schnell, fraß ihn und lachte über den dummen Raben.

Wortbildung
1. sonniger, 2. nachdenklich, 3. ängstlicher, 4. hungrig,
5. neblige, 6. schriftliche, 7. farblich

8 Rund um Körper und Geist

1a

1. nicht, 2. weiß, 3. bewegen, 4. Sport, 5. dem, 6. jeden,
7. viel, 8. nichts, 9. mir, 10. mehr, 11. einfach, 12. der,
13. müde, 14. noch, 15. gehen, 16. meinen, 17. Familie,
18. aufstehen, 19. schnell, 20. von, 21. einkaufen,
22. aufräumen, 23. hilft, 24. dringend, 25. fit, 26. sein

2a

1. sollten / dürfen, 2. nicht gut, 3. raten, 4. notwendig,
5. warnen

2b

1. b, 2. b, 3. a, 4. b

3

1. …, brauchen Sie nur einen Pfleger zu rufen.
2. …, brauchen Sie keine Angst zu haben.
3. …, brauchen Sie es nicht allein zu machen.
4. …, brauchen Sie nicht im Zimmer zu bleiben.
5. …, brauchen Sie nur zur Gymnastik zu gehen.

4

1. dich, 2. mir, 3. mir, 4. mich, 5. mich, 6. dich, 7. mich

5

1. Mittel, 2. schwindlig, 3. Flüssigkeit; 4. Wunde,
5. verschreiben, 6. Schmerzen; 7. auflösen, 8. einnehmen;
9. untersuchen, 10. Überweisung, 11. Versichertenkarte

6

1. reagiert, 2. verarbeitet, 3. berührt, 4. beeinflussen,
5. verursachen, 6. schadet

7

1. …, sondern man entspannt sich auch.
2. …, andererseits kann sie andere stören.
3. …, als auch mit anderen Musikern.
4. …, aber Aufführungen machen auch Spaß.
5. …, oder sie macht nervös und aggressiv.
6. …, noch mit anderen singen.

8

1D, 2A, 3E, 4B, 5C

9

○ Ich habe gar nicht gewusst, → dass du im Konzert
  von Cold Play warst. ↘ War's gut? ↑
● Gut? ↑ Es war mega cool, → einfach ein Wahnsinn. ↘
  Und Chris Martin sowieso. ↘
○ Und das Ticket? ↑ Wie hast du ein Ticket
  bekommen? ↘ War es nicht total teuer? ↑
● Billig war's nicht. ↘ Aber ich habe nichts bezahlen
  müssen, → es war ein Geschenk. ↘

10

1. durchgehen, 2. verwenden, 3. ansehen, 4. bewegen,
5. erzählen, 6. sitzen

11

1. Methode, 2. motiviert, 3. effektiv, 4. Techniken,
5. merken, 6. erinnern, 7. Druck

13

1E, 2C, 3B, 4D, 5A

Wortbildung

a

1. ~~weiter~~treffen - zusammentreffen
2. ~~weg~~arbeiten - weiterarbeiten
3. ~~zurück~~kommen - mitkommen
4. ~~vorbei~~fahren - wegfahren
5. ~~mit~~geht - vorbeigeht
6. ~~zusammen~~gekommen - zurückgekommen

b

1. zurückgeben, 2. weitermachen, 3. weglaufen,
4. mitspielen, 5. zusammenleben, 6. vorbeikommen

9 Kunststücke

1

der Bahnhof, die Brücke, der Brunnen, das Denkmal, die Kirche, das Museum, das Rathaus, die Statue, das Theater, die Treppe, die Universität

2

1. Graffiti, 2. Statuen, 3. Gegenstände, 4. Architektur, 5. Formen, 6. Kunstwerke, 6. Installation, 8. Kontrast, 9. Künstler

Lösungswort: Gegenwart

3

1F, 2D, 3A, 4E, 5B, 6C

4a

1. a, 2. b, 3. b, 4. a, 5. b, 6. c

4b

1. Bei der Auktion konnte der Besitzer sein Bild nicht verkaufen.
2. Sein Bild war für die Besucher der Auktion nicht interessant.
3. Serena hat die Ausstellung in Wien leider nicht gesehen. / Serena hat leider die Ausstellung in Wien nicht gesehen.
4. …, aber ich war leider nicht schnell genug. / aber leider war ich nicht schnell genug.
5. Viele Leute interessieren sich nicht für moderne Kunst.

5

Person A: 1, 4, 6, 8, 10
Person B: 2, 3, 5, 7, 9
Verstärkung oder Relativierung der Aussage:
1. wirklich, 2. doch, 3. so, 4. richtig, 5. so, 6. total, 7. gerade, 8. einfach, 9. ja, 10. doch

7

1. Stück / Theaterstück, 2. Aufführungen, 3. Regie, 4. Schauspielern, 5. Techniker, 6. schminkt, 7. Kostüme, 8. Hintergrund, 9. Bühne, 10. Publikum, 11. auftreten / spielen

8a

1. junge, guter, größere; 2. großem, erfahrenen, tolles; 3. Erfahrener, kleine, altem; 4. Erfolgreiche, kreative

8b

1. Junge, 2. neuen, 3. altem, 4. gebrauchte, 5. engagierte, 6. großem, 7. spannende, 8. kreative, 9. Dreitägiger, 10. freie, 11. kleinem, 12. erfahrener, 13. klassisches, 14. Interessierte

9

1. Das | interessante Programm des Bildungszentrums Hausen | ist | erschienen.
2. Die Theatergruppe *lautstark* | erarbeitet | ein | interessantes Stück des | Autors | Augusto Boal.
3. In | einem Workshop können Sie lernen, | Ihre | Ideen für | Upcycling-Projekte | umzusetzen.
4. Es gibt | auch Kurse, | in denen man | andere Techniken des Malens | ausprobieren kann.

10

1. weil, 2. Schauspieler, 3. Text, 4. keine, 5. welche, 6. bekommen, 7. genau, 8. auf, 9. reagiert, 10. sagen, 11. die, 12. geht, 13. der, 14. vor, 15. kann, 16. gibt

11

1. In einem Kaufhaus starb eine Verkäuferin wegen einer Biene.
2. Philipp, ein Junge, hielt einen Topf in der Hand.
3. Der Detektiv glaubte, dass er den Topf stehlen wollte.
4. Sofort musste Philipp mit dem Detektiv ins Büro gehen.

12

1. treffen, 2. machen, 3. spielen, 4. kennenlernen, 5. singen, 6. gründen, 7. finden, 8. zuhören

13

1. ~~der Freitag~~, 2. ~~das Dach~~, 3. ~~das Gerät~~, 4. ~~der Fluss~~, 5. ~~der Nachteil~~, 6. ~~die Wiese~~

Wortbildung

a

1. dunkel + blau, 2. hell + braun, 3. das Eis + kalt, 4. grau + weiß, 5. der Blitz + schnell

b

1. hellroten, 2. mittelgroß, 3. graublaues, 4. halblange

10 Miteinander

1

E	B	I	L	D	U	N	G	O	F	R	E	P	I	N	D	A	G	E	M
V	O	M	E	A	N	U	G	E	R	E	C	H	T	I	G	K	E	I	T
O	R	K	A	F	A	I	R	N	E	S	S	I	O	R	A	U	S	B	R
G	A	N	B	O	L	L	E	K	I	P	T	E	L	G	C	V	U	K	E
E	I	K	U	M	B	E	W	O	H	E	I	R	E	C	H	T	N	I	L
D	E	M	O	K	R	A	T	I	E	K	A	T	R	U	W	O	D	E	I
U	S	I	C	H	E	R	H	E	I	T	L	U	A	M	S	C	H	A	G
E	R	Ü	C	K	S	I	C	H	T	O	M	E	N	T	A	H	E	R	I
Z	I	V	I	L	C	O	U	R	A	G	E	N	Z	E	S	E	I	P	O
C	H	I	L	F	S	B	E	R	E	I	T	S	C	H	A	F	T	O	N

2a

1. wichtig, 2. leichte, 3. Also, 4. der, 5. in, 6. habe,
7. Freiheit, 8. Gesellschaft, 9. Demokratie, 10. können,
11. denkt, 12. Bürger, 13. geht, 14. Wahlen, 15. Politik,
16. Außerdem, 17. Recht, 18. leben, 19. muss, 20. die,
21. Beispiel

2b

1. Gesellschaft, 2. kümmern, 3. Hilfe, 4. Ordnung,
5. Situation, 6. Wert, 7. egal

3a

1F, 2A, 3G, 4E, 5B, 6D, 7C

3b

1. Vereine, 2. Mitgliedern, 3. engagieren, 4. organisiert,
5. spendet, 6. bedürftige, 7. leiten, 8. ehrenamtlich

4

Am Montag wird der Proberaum gereinigt.
Am Dienstag werden neue Stücke geprobt.
Am Mittwoch wird eine Feier organisiert.
Am Donnerstag werden Getränke gekauft.
Am Freitag wird ein Konzert gegeben.
Am Samstag wird das Fest gefeiert.

5a

1b, 2a, 3a, 4b, 5b, 6a

5b

1. wurde, 2. renoviert, 3. wurden, 4. gestrichen,
5. (wurde) repariert, 6. wurden, 7. gepflanzt, 8. wurde,
9. geliefert, 10. aufgebaut, 11. wurde, 12. beschädigt

6

1. Das Netzwerk „Ärzte ohne Grenzen" wurde 1971 in
   Frankreich gegründet.
2. Wenn es große Krisen gibt, wird Hilfe für Menschen in
   Not angeboten.
3. Die Kosten werden zu 96 Prozent aus Spenden
   finanziert.
4. Aus Deutschland werden im Jahr
   ca. 300 Mitarbeiter/innen zu Projekten geschickt.
5. In mehr als 70 Ländern werden Hilfsprojekte
   durchgeführt.
6. Die Organisation wurde 1999 mit dem Nobelpreis
   belohnt.

7

1. Steuern, 2. wegwerfen, 3. reinigen, 4. Polizei,
5. entsorgt, 6. funktionieren, 7. Gehälter, 8. Vertretung
Lösungswort: regieren

8

1. muss … geschlossen werden, 2. dürfen …
durchgeführt werden, 3. muss … geworfen werden,
4. muss … geputzt werden, 5. darf … gegrillt werden,
6. müssen (können) … abgestellt werden

9

1. Wann können wir uns treffen, am Samstag oder am
   Sonntag?
2. Was hast du vor? Spielst du morgen Tennis oder
   machst du eine Radtour?
3. Wie ist das bei Ihnen? Arbeiten Sie lieber zu Hause
   oder im Büro?
4. Machst du die Arbeit im Musikverein ehrenamtlich
   oder wirst du bezahlt?
5. Wie möchtest du dich lieber engagieren, bei der
   Feuerwehr oder als Pate?

10

1. gezeigt werden, 2. gewechselt werden, 3. gekauft
werden, 4. beachtet werden, 5. absolviert werden

11

1. Publikum, 2. Thema, 3. Folie, 4. erklärte, 5. Struktur,
6. Reihe, 7. Beispiele, 8. Erfahrungen, 9. bedanken

Wortbildung

1. wahllos, 2. denkbar, 3. regierungslos, 4. hörbaren,
5. kostenlos

11 Stadt, Land, Fluss

1

1. Unternehmen, 2. Atmosphäre, 3. renoviert,
4. Nachbarn, 5. Bürogebäude, 6. Geschäfte, 7. Angebot,
8. Fußgängerzone, 9. Schaufenstern

2

1. egal, 2. wohl, 3. aber, 4. Motorrad, 5. oft, 6. liebe,
7. Tempo, 8. wenig, 9. sein, 10. wohne, 11. und, 12. schön,
13. habe, 14. Stock, 15. will, 16. weil, 17. coole, 18. ich,
19. wir

4a

1. eine, 2. einer, 3. Eins, 4. welche, 5. einen, 6. Eine,
7. keiner

4b

1. keins, eins; 2. einen; 3. welche; 4. deins, eins; 5. eins,
6. seiner

5

1. Irgendeine, 2. Irgendeiner (Irgendjemand),
3. irgendwelche, 4. irgendeins, 5. Irgendeinen,
6. irgendeiner

6a

1. ~~der Arbeitsplatz~~, 2. ~~zu den Angestellten~~, 3. ~~schmeckt~~,
4. ~~Frühschicht~~, 5. ~~ihren Betrieb~~, 6. ~~durch die offene Tür~~

6b

1. Deutscher, 2. Arbeitslose, 3. Obdachlose,
4. Obdachlosen, 5. Jugendliche, 6. Jugendlicher,
7. Verwandten, 8. Bekannten, 9. Jugendlichen,
10. Erwachsenen, 11. Obdachlosen

6c

1. Verwandten, 2. Bekannten, 3. Angehörigen,
4. Jugendliche, 5. Erwachsenen, 6. Angestellte

7

1. …, während die meisten noch schlafen.
2. …, wenn man in einer Bäckerei arbeitet.
3. …, damit es am Morgen frisches Brot gibt.
4. …, um es den Kunden zu bringen.
5. …, um die Straßen sauber zu machen.

8

1. gesagt, 2. doch, 3. das, 4. Angebot, 5. wichtig, 6. man,
7. Die, 8. Welt, 9. Freunde, 10. finde, 11. Vor, 12. Städte,
13. bewertet, 14. Zahl, 15. Kosten, 16. oder, 17. eine

9

1. wo, 2. was, 3. wo, 4. was, 5. was, 6. was, 7. was

10

1D, 2C, 3A, 4E, 5B

11

Ja, in München kann man sehr gut leben, keine Frage. In
der Studie heißt es auch, dass München eine Stadt ist,
wo man besonders sicher lebt. Das glaube ich allerdings
nicht. Es gibt auch in München Ecken, wo ich mich
sehr unsicher fühle. München liegt in dem Ranking
aber so gut, weil die Arbeitslosigkeit niedrig ist. Das
ist natürlich schön. Das heißt aber auch, dass immer
mehr Menschen in München arbeiten wollen | und
eine Wohnung brauchen. Die Mieten und die Preise für
Wohnungen sind deshalb extrem hoch. Die Attraktivität
der Stadt hat schon zwei Seiten, eine gute | und eine
weniger gute.

12

1. ~~die Einwohner~~, 2. ~~die Industrie~~, 3. ~~der Fluss~~,
4. ~~die Fassade~~, 5. ~~die Altstadt~~

13

1. ~~liebe~~ – geehrter, 2. ~~nach uns in~~ – zu uns nach,
3. ~~haben uns gefreut~~ – freuen uns, 4. ~~meine~~ – unsere/
die, 5. ~~seiner~~ – Ihrer, 6. ~~während~~ – damit, 7. ~~dich~~ – Sie,
8. ~~konnten~~ – können / werden, 9. ~~coole~~ – gute /
angenehme, 10. ~~Grüße~~ – Grüßen

Wortbildung

a

1. Felix redet gern mit Mia, Mia redet auch gern mit ihm.
   Sie reden gern miteinander.
2. Ich lerne viel von meiner Freundin und sie von mir.
   Wir lernen viel voneinander.

b

1. aneinander, 2. miteinander, 3. umeinander,
4. aneinander

12 Geld regiert die Welt?

1
1. ausgeben, 2. erfüllen, 3. sparsam, 4. anschaffen,
5. einnehmen, 6. unterstützen, 7. finanziell,
8. zurückzahlen
Lösungswort: Geschenk

2
1F, 2A, 3G, 4B, 5D, 6C, 7E

3a
1. …, desto besser sprach er Deutsch. 2. …, desto
schlechter verstand er sie. 3. Je öfter Tina Sport
machte, … 4. Je länger und weiter sie laufen konnte, …
5. …, desto besser wurde die Stimmung. 6. Je mehr Ole
über die Band erfuhr, … 7. …, desto leichter bekommt
sie einen Kredit. 8. Je weniger Geld auf dem Konto ist,
…

4
1E, 2C, 3B, 4F, 5A, 6D

5
1. überwiesene, 2. beantragte, 3. gewünschten,
4. beschädigten, 5. eingezogene, 6. gestohlene,
7. zugeschickten

6
1. Jahren, 2. global, 3. dort, 4. billigsten, 5. die, 6. Firmen,
7. Ländern, 8. Städten, 9. der, 10. man, 11. Auch, 12. sich,
13. Deshalb, 14. ihren, 15. mobil, 16. ganzes, 17. Ort,
18. arbeitet

7
1. Produktion, 2. Konkurrenz, 3. Weltmarkt, 4. Wohlstand,
5. Bedingungen, 6. sinken, 7. Fortschritt, 8. profitiert

8a
1. ~~beunruhigte~~, 2. ~~verlierenden~~, 3. ~~gearbeitete~~,
4. ~~produzierende~~, 5. ~~kaufende~~, 6. ~~gewachsene~~

8b
1. einen schlafenden Mann, 2. ein spielendes Kind,
3. eine lesende Frau, 4. streitende Jungen,
5. vorbeifahrende Autos, 6. ein weinendes Mädchen,
7. eine telefonierende Frau

9
1. prüfen – überprüfen – die Prüfung –
die Abschlussprüfung – die Prüferin
2. wünschen – wünschenswert – der Wunsch –
der Glückwunsch
3. brauchen – gebrauchen – verbrauchen –
der Verbraucher – der Stromverbrauch
4. schreiben – schriftlich – unterschreiben –
die Unterschrift
5. ziehen – anziehen – beziehen – die Beziehung –
die Erzieherin

10a
1. Diebstahl, 2. Vorwurf, 3. akzeptieren, 4. stehlen,
5. tolerieren, 6. betrügen, 7. verzichten, 8. kritisch,
9. schlimm, 10. Ehrlichkeit

10b
1. Problem, 2. bezahlt, 3. Ordnung, 4. gefällt, 5. geht,
6. Verhalten, 7. finde, 8. akzeptieren

11
1. Jakob Fugger gründete vor fast 500 Jahren eine
Siedlung.
2. Bedürftige Handwerker und Arbeiter konnten dorthin
ziehen. / Dorthin konnten bedürftige Handwerker und
Arbeiter ziehen.
3. Wenn es ihnen finanziell besser ging, zogen sie wieder
aus.
4. Auch heute wohnen dort noch 150 bedürftige Bürger. /
150 bedürftige Bürger wohnen auch heute noch dort.

Wortbildung
1. her, 2. hingefallen, 3. herein, 4. hinstellen,
5. hineingelassen, 6. hineinstellen, 7. herunter,
8. hinaufgehen, 9. hinausgehen

Beispiel	Terminus	in Ihrer Sprache
a, b, c, d, e, f, g …	der Buchstabe	_____
b, c, d, f, g, h, j …	der Konsonant	_____
a, e, i, o, u	der Vokal	_____
ä, ö, ü	der Umlaut	_____
ich / wohnen / in / Frankfurt	das Wort	_____
Ich wohne in Frankfurt.	der Satz / der Aussagesatz	_____
Wie geht's? Kommst du?	die Frage	_____
Wie heißt du? Wo wohnen Sie?	die W-Frage	_____
Gehen wir ins Kino? Hast du Zeit?	die Ja-/Nein-Frage	_____
Gehen Sie links! Sei aktiv! Fangt an!	die Aufforderung / der Aufforderungssatz	_____
Er arbeitet nicht, <u>weil</u> er krank <u>ist</u>. Sie freut sich, <u>dass</u> sie viel Zeit <u>hat</u>.	der Nebensatz	_____
Pia fragt, <u>wann</u> der Zug <u>fährt</u>. Leon weiß nicht, <u>ob</u> er frei <u>hat</u>.	die indirekte Frage	_____
Der Film, <u>der</u> mir am besten gefallen <u>hat</u>. Die Stadt hat alles, <u>was</u> ich mag.	der Relativsatz	_____
gehen, kommt, war, getrunken …	das Verb	_____
gehen, kommen, sein, trinken …	der Infinitiv	_____
<u>ich</u> gehe, <u>du</u> geh<u>st</u>, <u>er</u> geh<u>t</u> …	die Formen / die Verbformen	_____
ich …<u>e</u>, du …(e)<u>st</u>, er … (e)<u>t</u> …	die Endungen	_____
ich f<u>a</u>hre – du f<u>ä</u>hrst; ich l<u>e</u>se – du l<u>ie</u>st	das unregelmäßige Verb	_____
anrufen, aufstehen, aussteigen	das trennbare Verb	_____
verstehen, entschuldigen	das nicht trennbare Verb	_____
Geh! Nehmt! Kommen Sie!	der Imperativ	_____
Lies vor!	du-Form	_____
Lauft schnell!	ihr-Form	_____
Gehen Sie links!	Sie-Form	_____
Könntest du mir bitte helfen? Ich würde das anders machen.	der Konjunktiv II	_____
können, wollen, müssen, dürfen, sollen	das Modalverb	_____
Sie <u>ist</u> Studentin. Sie <u>wird</u> Ärztin.	das Präsens	_____
Es <u>war</u> schon spät. Da <u>klingelte es</u>. Eva <u>ging</u> zur Tür und <u>machte auf</u>.	das Präteritum	_____

Beispiel	Terminus	in Ihrer Sprache
<u>Werden</u> Menschen irgendwann zum Mars <u>fliegen</u>?	das Futur I	
Daniel <u>hat</u> drei Stunden lang <u>gelernt</u>.	das Perfekt	
Nachdem er drei Stunden <u>gelernt hatte</u>, holte er sich eine Pizza.	das Plusquamperfekt	
gemacht, gegangen, gebracht, telefoniert	das Partizip II	
machen – machte – gemacht	regelmäßige Verben	
gehen – ging – gegangen, bringen – brachte – gebracht	unregelmäßige Verben	
Daniel <u>hat</u> lange gelernt. Er <u>ist</u> nach Hause gegangen. <u>Wird</u> er die Prüfung schaffen?	das Hilfsverb	
Lebensmittel <u>werden gesammelt</u>. Die gesammelten Lebensmittel <u>müssen verteilt werden</u>.	das Passiv	
Ich freue <u>mich</u>. Freust du <u>dich</u> auch?	das reflexive Verb	
Ich bringe dir einen Kaffee.	Verben mit Dativ und Akkusativ	
Eva beginnt früh <u>zu arbeiten</u>. Sie hatte keine Zeit <u>anzurufen</u>.	Infinitiv + *zu*	
warten auf, sich kümmern um …	Verben mit Präposition	
Sie wartet <u>darauf</u>, dass der Bus endlich kommt.	Pronominaladverb	
<u>steigende</u> Preise, ein <u>überzeugendes</u> Argument	Partizip I	
der <u>Bahnhof</u>, das <u>Hotel</u>, die <u>Straße</u>	das Nomen	
<u>der</u> Bahnhof, <u>das</u> Hotel, <u>die</u> Straße	der Artikel	
<u>der</u> Bahnhof, <u>der</u> Fluss, <u>der</u> Obdachlose	maskulin	
<u>das</u> Hotel, <u>das</u> Rathaus	neutrum	
<u>die</u> Straße, <u>die</u> Stadt, <u>die</u> Angestellte	feminin	
der/ein Bahnhof, das/ein Hotel, die/eine Straße	Singular	
die Bahnhöfe, die Hotels, die Straßen	Plural	
<u>Der Mann</u> / <u>ein Baby</u> / <u>keine Frau</u> / <u>er</u> lacht.	der Nominativ	
Ich sehe <u>den Mann</u> / <u>ein Baby</u> / <u>keine Frau</u> / <u>dich</u>.	der Akkusativ	
Ich spreche mit <u>der Chefin</u>. Wir helfen <u>dir</u>!	der Dativ	
die Farbe <u>des Sofas</u>, das Thema <u>des Textes</u>, Julia<u>s</u> Handy, Klaus' Auto	der Genitiv	

Beispiel	Terminus	in Ihrer Sprache
der Zug, eine Straße, kein Bahnhof, mein Fahrrad, diese Autos	das Artikelwort	_____
der, das, die	der bestimmte Artikel	_____
ein, ein, eine, -	der unbestimmte Artikel	_____
kein, kein, keine	der Negationsartikel	_____
mein, dein, sein …	der Possessivartikel	_____
dieser Zug, dieses Haus, diese Stadt	der Demonstrativartikel	_____
Welcher Zug? Welches Haus? Was für ein Konzert? Was für Bücher?	der Interrogativartikel	_____
ich, du, er, es, sie …	das Personalpronomen	_____
ich – mich, du – dich, er – sich …	das Reflexivpronomen	_____
man, jemand, niemand alles, etwas, nichts	das Indefinitpronomen	_____
der, das, die	das Relativpronomen	_____
grün, alt, schön, cool, laut, … Der Himmel ist blau. Die Vögel singen laut. Heute ist ein schöner Tag.	das Adjektiv	_____
der blaue Himmel, ein blauer Himmel, eine Wolke am blauen Himmel	die Endungen der Adjektive	_____
Heute ist es wärmer als gestern. Gestern war es nicht so warm wie heute.	der Vergleich	_____
Laura sucht einen besseren Job. Sie möchte mehr verdienen als jetzt.	der Komparativ	_____
Dieses Buch gefällt mir am besten.	der Superlativ	_____
das ausgefüllte Formular, die steigenden Preise	Partizipien als Adjektive	_____
für, mit, von, in, an, auf …	die Präposition	_____
in, an, auf …: Wir stellen das Sofa ins Wohnzimmer. Das Sofa steht im Wohnzimmer.	die Wechselpräposition	_____
bei dem – beim; zu der – zur; an dem – am, in das – ins	die Kurzform	_____
zu – zum Chef gehen; bei – bei der Chefin sein; aus – aus dem Haus kommen	Ortsanagaben	_____
ab – ab dem Moment; an – am Montag, in – im August	Zeitangaben	_____

Beispiel	Terminus	in Ihrer Sprache
Wer?, Wo?, Wohin?, Was?, Wann?, Wie?, Warum? …	das Fragewort / das W-Wort	
Woran?, Worauf? Womit? …	Fragewörter mit Präpositionen	
Es regnet und es ist kalt. Es regnet, trotzdem geht Eva spazieren. Jan findet es blöd, dass es regnet.	das Verbindungswort / der Konnektor	
Es regnete nicht nur, sondern es war auch kalt.	zweiteilige Konnektoren	
und, oder, aber, denn, sondern Es ist kalt, aber es regnet nicht.	Hauptsatz 1 + Hauptsatz 2	
deshalb (deswegen, darum, daher), trotzdem, Es regnet, deshalb bleiben wir zu Hause.	Hauptsatz 1 + Hauptsatz 2	
weil, dass, wenn, ob … Mara mag es nicht, wenn es regnet.	Hauptsatz + Nebensatz	
Max arbeitet nicht, weil er krank ist.	der Kausalsatz	
Max arbeitet, obwohl er krank ist.	der Konzessivsatz	
Max arbeitet so viel, dass er immer müde ist.	der Konsekutivsatz	
Max arbeitet auch am Wochenende, damit er fertig wird. / …, um fertig zu werden.	der Finalsatz	
Max arbeitet nicht mehr, seit er in Rente ist.	der Temporalsatz	
Wenn Max weniger arbeiten würde, hätte er mehr Freizeit.	der irreale Bedingungssatz (mit Konjunktiv II)	

Cover Dieter Mayr, München; **4.1** Shutterstock (Yuriy Kulik), New York; **4.2** Shutterstock (Juanamari Gonzalez), New York; **4.3** Shutterstock (canadastock), New York; **5.1** Shutterstock (2xSamara.com), New York; **5.2** Shutterstock (Volha Suhakova), New York; **9** Shutterstock (Witsawat.S), New York; **14** Getty Images (William Vanderson), München; **16** picture-alliance (augenklick/firo Sportphoto), Frankfurt; **19** Shutterstock (Bokehboo Studios), New York; **20** Shutterstock (fizkes), New York; **22** Shutterstock (Ariwasabi), New York; **23** Shutterstock (fizkes), New York; **26** Shutterstock (tynyuk), New York; **29.1** Shutterstock (mimagephotography), New York; **29.2** Shutterstock (stockfour), New York; **35.1** Getty Images (Tim Robberts), München; **35.2** Shutterstock (canadastock), New York; **39.1** Shutterstock (sirtravelalot), New York; **39.2** Shutterstock (michaelheim), New York; **42** Getty Images (SDI Productions), München; **47** Shutterstock (Kozlik), New York; **49** Getty Images (Animaflora), München; **50** Shutterstock (FooTToo), New York; **51.1** Shutterstock (Alexander Raths), New York; **51.2** Shutterstock (ungvar), New York; **54** Shutterstock (Jakob Fischer), New York; **55** Shutterstock (ND700), New York; **57** Shutterstock (RudiErnst), New York; **58** Shutterstock (Rasto SK), New York; **59.1** Getty Images (Macrovector), München; **59.2** Getty Images (Kesu01), München; **59.3** Getty Images (Moncherie), München; **59.4** Getty Images (Flashpop), München; **59.5** Getty Images (Owen Franken), München